살면서 한번은 모임의 리더가 되어라

# 살면서
# 한번은
# 모임의 리더가
# 되어라

삶을 바꾸는 자기경영의 시작

김유홍 지음

I'm

# 주도적 실천을 위한 독서

2021년 이노비즈 CEO독서토론회 회원들과 독서 에세이로 공저 책을 출간한 뒤 용기를 얻은 나는 바로 개인 책쓰기에 돌입했다. 10여 년 전 골프와 술을 줄이는 대신 독서와 등산을 시작하며 알게 된 가치와 노하우들을 공유하고 싶어서였다.

나 자신과의 약속을 지키기 위해 전국의 명산을 다닐 때에는 외롭고 힘들기도 했다. 그렇게 10여 년이 지날 즈음 우연히 참여하게 된 이노비즈 최고경영자과정은 내 안의 열정을 표출할 수 있도록 많은 영감을 주었다. 독서를 통해서 얻은 삶의 지혜를 공유하고자 했던 나는 독서토론회를 시작했다. 이후 등산회, 역사아카데미도 함께 운영하며 이렇게 나의 책까지 낼 수 있는 좋은 기회를 맞이하게 되었다. 바쁜 회사일과 각종 모임으로 밤마다 펜과 씨름하고 중도 포기를 수십 번 고민하며 써낸 책이라 그 소중함이 남다르다.

책을 시작하기에 앞서 리더에게 가장 필요한 덕목에 대해 이야기하고자 한다. 바로 '주도적 실천'이다. 수백 수천 권의 책 속 문장들이 나의 고정관념을 깨트리고 변화를 일으켜, 생각에만 머물지 않고 실천으로 옮기는 행동가로 탈바꿈시켜 주었다. 하루 종일 허리 한번 펴지 못하고 일만 하는 농부보다 틈틈이 쉬어 가며 낫을 가는 농부의 수확량이 훨씬 더 많다고 한다. "내게 나무를 벨 8시간이 주어진다면 그중 6시간은 도끼를 가는 데 쓰겠다"고 한 에이브러햄 링컨이 평생 강조한 말처럼 나 역시 도끼와 낫을 가는 데에 총력을 다하려고 한다. 나는 회사 운영을 하면서도 직원들과 그저 주어진 과제를 열심히 하기보다는 시스템을 만들고 효율적 개선 활동을 늘 병행했기에 코로나와 같은 팬데믹 상황에서도 수익을 유지할 수 있었다고 생각한다.

뿌리가 깊은 나무는 아무리 강한 바람이나 태풍이 몰아쳐도 쉽게 쓰러지지 않는다. 사람도 마찬가지다. 과거의 IMF와 같은 금융위기, 현재의 코로나 사태로 인한 질병 등 어떠한 시련이 닥쳐도 평소에 날을 갈고 닦아온 사람이라면 오히려 위기를 기회 삼아 성장할 수 있다. 우리가 삶이 바쁘다는 이유로 이를 소홀히 한다면 날은 점점 무뎌져 가고 정신을 차렸을 땐 이미 녹이 슬어 있을지도 모른다. 허리 한번 못 편 채 잘 들지 않는 낫으로 종일 벼를 베겠는가, 아니면 낫을 갈아 날카로운 새 날로 벼를 베겠는가?

방법을 모르겠다면 독서부터 시작할 것을 추천한다. "한 나라의 과거를 보려면 박물관에, 현재를 보려면 시장에, 그리고 미래를 보려면 도서관에 가 보아라"는 말이 있다. 독서는 단순히 책을 읽어내려 가는 것에 그치지 않는다. 책을 읽고 다른 이들과 다양한 의견을 나누며 지혜와 아이디어, 영감을 얻고 나의 가치와 철학세계를 확장하는 과정이다.

2022년 3월

김유홍

# 제 3 부 인생을 리드하다

제 1 부

# 모임의 리더가 되다

01

# CEO모임의 첫 출발

하늘은 높고 살만 쪄가던 13년 전 가을이었다. 우연히 군포 사장들 모임에 초대받아 참석하게 되었다. 소주와 숯불 향 그윽한 소고기 한 점으로 취기가 오를 때쯤 지인 한 분이 치악산 등산을 권유했다. 운동이라고는 숨 쉬기가 전부였던 내게 등산은 벅찬 그림 같기도 했으나 점점 나오는 아랫배를 내려다보며 위기를 느끼고 있던 차였다. 차고 달짝지근한 소주 한 잔을 마신 터라 히말라야 14좌도에도 오를 수 있을 듯한 기분에 그만 그 자리에서 약속을 해버렸다.

2003년 사업을 시작하면서 음주와 골프는 이전 대비 10% 이내로 대폭 줄이자는 계획 아래 노력해 왔지만 운동 없이 뱃살을 없애기엔 역시 역부족이었다. 매일같이 술을 줄이겠다고 다짐해도 한두 잔 마시다 보면 어느새 부장 시절 마시던 버릇이 나와 나도 모르게 2차를 유도하곤 했다.

결국 금요일 오후 약속 장소에 모여 지인이 몰고 온 봉고차에 올라탔다. 자가용으로 5명이 가기엔 너무 비좁았기 때문이다. 봉고차에 여유롭게 자리를 잡고 영동고속도로를 타고 원주로 달려갔다. 라디오에서 흘러나오는 FM 팝송들이 마치 소풍 가는 유치원생들처럼 우리를 들뜨게 만들었다. 고등학교를 원주에서 나온 나에게 이곳은 고향 같은 곳이다. 강원도에서 가장 큰 도시이기에 영월, 신림, 문막 등 주변 시골 학생들은 대학 진학을 위해 이곳에 모여 공부했는데, 나도 처음으로 고향을 떠나 원주에서 하숙을 했다.

매일 밤 부모가 없는 하숙방은 자유 그 자체였다. 다 같이 모여 막걸리도 마시고 영화도 보고 길거리도 배회했다. 당시 멘토가 있었다면 길잡이 역할을 해 주었을 텐데 주위에 그럴 만한 친척이나 선배가 한 명도 없었다. 그렇게 3년 동안 그 흔한 영어 참고서

한 권 떼지 못하고 학교를 왔다갔다했다. 성적표도 어쩌다 한 번 잘나온 것을 부모님에게 보여 주었을 뿐이다.

잠시 옛 추억을 떠올리는 사이 어느새 봉고차는 둔내IC를 빠져나와 콘도에 도착했다. 푸르던 숲은 색색으로 물들어 제법 가을의 정취가 느껴졌다. 강원도라 그런지 코끝에 와 닿는 공기도 서울보다 차가웠다. 하지만 여전히 익숙한 시골의 느낌이었다. 숙소는 예전엔 꽤나 명성이 있던 곳이었음에도 불구하고 허름한 모텔처럼 보였다. 각자 짐을 방에 풀어놓고 저녁식사를 위해 근처 고깃집으로 향했다.

횡성 한우를 한 점 구워 참기름 섞인 소금에 찍어 먹으니 입안에서 사르르 녹았다. 먼저 나온 소고기 생간도 입맛을 돋우는 데 한몫했다. 음식은 누구와 먹느냐에 따라 맛이 다르다. 가까운 지인들과 모여 한 점 한 점 먹고 있으니 곧 분위기에 젖어 들었다.

숙소로 돌아와서는 지하 노래방에 들러 당시 유명했던 나폴레옹 위스키까지 주문해서 마음껏 즐겼다. 그 분위기는 수년간 내 육체가 원하던 것이었지만 이번엔 문득 나를 깨우는 것이 있었다. 그래서 나는 지인들에게 이렇게 술만 마실 거면 왜 굳이 명산을 찾아온 거냐고 물었다. 지인들은 새삼스럽게 왜 그러냐는 듯 나를 한번 쳐다보곤 그 이상 관심을 가지지 않았다. 다음날 높은 산을 올라야 한다는 것에 대해 부담감을 느끼면서도 우리는 새벽 2시까지 술을 마셨다.

이튿날 아침 치악산 구룡사와 세렴폭포로 이어지는 2km 코스는 무난했다. 그러나 경사도가 만만찮은 사다리병창을 통과하는 순간 이가 갈릴 정도로 힘들었다. 아, 이것이 등산의 묘미인가? 전날 폭음으로 간이 지쳐 있는데다 절벽같이 가파른 코스의 비로봉에 오르는 길은 죽을 것 같이 힘들었다. 후회가 밀려왔다. 체력도 체력이지만 등산을 이런 식으로 해야 하나 하는 생각에 앞으로 등산으로 살을 빼는 건 다시 생각해 봐야 할 것 같았다.

정상 비로봉에선 사진도 제대로 찍지 못한 채 하산했다. 인증샷을 찍으려 하니 지인들은 그런 건 뭐하러 찍느냐고 했다. 하산 후 주막에서 꿀맛 같은 막걸리와 감자전으로 배를 채우니 천국이 따로 없었다. 죽을 듯 겨우 끌고 온 몸뚱이를 또 술로 위로하고 나서야 살 것 같았다.

"근데 조금 전 다녀온 사다리병창이 무슨 뜻이에요?"

"글쎄? 모르겠네."

사다리병창의 뜻을 아는 사람은 아무도 없었다. 대신 주막 주인 장이 '절벽' 또는 '낭떠러지'의 지방 방언이라고 대답해 주었다. 명산을 찾아 여기까지 왔으면서 우리가 다녀온 장소 이름의 의미조차 제대로 아는 사람이 없다니…… 살짝 실망했지만 잠깐뿐이었다. 이내 그 높은 치악산을 다녀온 것만으로도 스스로가 기특해지기 시작했다. 태풍을 맞아 뿌리가 뽑힐 듯한 나무처럼 후들거리는 다리로 하산하면서 힘들었던 마음도 달디 단 막걸리 한 잔으로 어느새 눈 녹듯 풀려 버렸다.

나와 등산과의 인연은 그렇게 시작되었다. 추후 이 팀과 여러 차례 등산 모임을 가졌고 술도 즐겼다. 그러나 몇 년 뒤, 등산을 추천해 주었던 분이 암으로 고생하다가 세상을 떠났다는 소식을 들었다. 등산에 대한 태도를 바꿔야 할 때라는 생각이 들었다.

그 팀원들과는 잠시 거리를 두고 술도 멀리했다. 그리고 1,000m 이상의 명산만을 타는 산악 모임에 참여했다. 그 팀과는 커다란 나무 뒤에서 세찬 겨울바람을 피해 가며 단팥빵 하나만으로 버티는 산행을 하기도 했다. 이것이 계기가 되어 지금도 산행 후 예전처럼 거한 술자리는 즐기지 않는다. 처음 산에 오를 때는 입으로 호흡하면서 갈증이 나 생수 2병도 모자랐지만, 이젠 코로 호흡하는 법을 배워 1,000m 이하의 산은 생수 반 병으로도 충분해졌다. 그에 더해 지인의 추천으로 5개월 간 퍼스널 트레이닝을 받으며 단순한 걷기에서 벗어나서 근육운동도 같이 했다. 체중이 10kg 가량 감소한 것은 물론이고, 가볍게 즐겼던 등산과 운동에 대한 생각도 새로워졌다.

전국의 명산을 다니다 보니 자연보다 더 훌륭한 스승은 없다는 생각이 들었다. '역(易)'의 의미처럼 자연은 쉽게 변한다. 변하지 않는 것은 죽어 있는 것이다. 등산과 더불어 고전문학을 가까이하게 되면서 '변화를 실천하지 않으면 죽는다'라는 슬로건 아래 매일 먹던 식사, 옷, 사람 등에 다양한 변화를 시도했다.

그러다 '착한 일을 많이 함'이란 뜻의 '적선(積善)'을 실천하기로 했다. 등산, 독서, 여행을 통해서 배운 수많은 교훈들을 다른 사람들과 나누고 싶었다.

그러던 차에 '이노비즈 최고경영자과정'이 기회가 되어 CEO등산회를 맡게 되었다. 1년 뒤에는 역시 이노비즈에서 독서토론회도 직접 만들어 운영하면서 술과 골프에서 완전히 벗어나 등산, 독서, 역사 공부 속으로 푹 빠져들기 시작했다.

우연하게 접한 등산이 내 인생의 터닝 포인트가 되어 변화의 가치를 배우고, 또 그 배움을 나누고자 다짐하게 되었다. 현재 CEO독서토론회, CEO역사아카데미, CEO해외트레킹, 민간포럼 등산회의 시초가 되었다.

02

# 책 한 권이 인생을 바꾸다

사회 초년생 시절 나는 책 한 권 읽지 않았다. 그 유익함을 전혀 몰랐기에 관심조차 없었다. 그저 남보다 1시간 일찍 출근해서 일만 열심히 했다. 그러던 어느 날 회사 임원이 유대인에 관한 책 한 권을 던져 주며 읽어 보라고 했다. 책을 접해서 지혜를 얻으라는 취지였다. 그 책은 그 당시 출퇴근하는 전철에서 열심히 읽었지만 대부분 졸린 눈으로 봐서 별로 감흥이 일어나진 않았다. 지금도 책 제목을 기억하지 못할 정도다. 하지만 그 책이 동기가 되었음을 나중에서야 알게 되었다.

직급이 오르고 누군가에게 지시를 하는 나이가 되어 가면서 순간순간 한계가 느껴졌다. 무언가 변화가 필요했을 때, 불현듯 그때 받아서 읽었던 책과 그 임원이 했던 말이 생각났다. 그래서 퇴근길에 무작정 대학로 근처 서점에 들러 유대인 관련 책을 찾아보았다.

노벨상 수상자의 23%를 유대인이 차지하고 있는데 그들이 『탈무드』를 암송하고 토론하는 과정에서 발표력과 토론 실력까지 는다는 내용이 있었다. 보통 사회 초년생들은 발표하는 것에 공포를 느끼지만 나는 학원 강사 아르바이트 경험 덕분에 스피치 훈련이 되어 있었다. 여기에 독서라는 장점을 얹는다면 동기들보다 경쟁력을 더 키울 수 있겠다는 생각이 들었다.

그렇게 산 두 번째 책을 출퇴근하는 전철 안에서 읽었다. 지금처럼 '주 한 권 독서'와 같은 목표는 없었기 때문에 시간 날 때마다 읽다 보니 그 책을 다 읽는 데 한 달이나 걸렸다. 아침마다 회사에 놓여 있는 신문 몇 종류로 세상 흐름을 읽는 게 전부였고, 스마트폰도 없던 시절이라 지금처럼 좋은 문장을 기록해 두는 일도 없었다.

당시 재직 중이던 회사 규모는 작았지만 성장의 기회가 없었던 것은 아니었다. 서울대학교로 강의를 이따금 나가던 사장은 월 1

회 직원들을 상대로 소양교육을 진행했고, 늘 새로운 정보를 입수해서 알려 주었다. 특히 컴퓨터의 발전 과정과 세계 시장의 트렌드를 공유해 주어서 도움이 되었다. 덕분에 회사가 일본으로 비즈니스를 확장했을 때 나에게도 참여할 수 있는 기회가 주어졌다. 이것은 내가 글로벌 의식을 갖게 된 계기가 되었다.

신문과 몇 권의 책을 통해 가진 알량한 지식이었지만 운 좋게도 사장의 눈에 띌 수 있었고, 외부에서 직접 발표할 기회도 얻었다. 공부를 더 해야 할 시기였고, 학문적 성장을 갈구하던 나는 이때부터 독서의 세계로 빠져들었다.

유대인 관련 서적을 접하면서 유대인식 사고가 조금씩 몸에 배이기 시작했다. 『탈무드』 속 신선한 발상의 전환을 접하고 보니 마치 나도 그리해야 될 것 같았다. 아인슈타인, 키신저 등 성공한 유대인들은 하루 15분 이상 『탈무드』를 읽음으로써 통찰력과 혜안을 얻을 수 있었다고 한다. 유대인은 세계인이 인정하는 '지혜의 민족'이다. 세계 인구의 0.2%밖에 되지 않는데 미국을 실질적으로 지배하고 있다니 놀라지 않을 수 없었다. 다른 문화를 가진 민족이지만 『탈무드』를 통해 법률, 문화 등 유대인이란 민족을 이해할 수 있었다. 특히 논쟁을 좋아하고 타인의 의견을 수렴하여 융합하는 문화가 가장 인상적이었다. 어떤 의제에 대해 만장일치 결론이 나왔을 때 의구심을 갖고 "모두가 찬성하는 다수의결은 무효다"라고 하는 내용은 너무도 충격적이었다. 만장일치에 강압적인 힘이 개입될 수도 있음을 의심한다는 말이 아닌가. 개인의 생각을 중시하고 타인의 의견을 존중하는 문화를 가진 자긍심 높은 민족이라는 생각이 들었다.

유대 민족은 이혼율과 알코올 의존도가 상당히 낮은 반면, 교육률은 상당히 높다. "가난한 아버지가 자녀의 교육비를 위해 본인의 베개를 판다"는 속담처럼 유대인은 이것을 당연시하고 있다.

우리나라는 조선의 성리학과 일제강점기를 거치면서 얻은 전체주의적 군대문화의 영향으로 독서와 토론이 생략된 주입식 교육을 해 왔다. 경제 역시 선진국을 따라하며 생산성을 늘리는 데에만 초점을 맞추고, 사회 모순에 침묵하는 경우가 많았다. 그리하여 부정부패가 심한 엘리트주의 국가가 되었다.

또한 세계가 인정하는 경제 8대 강국으로 성장했음에도 불구하고 국민의 정신적 성숙도는 여전히 후진국에 머물러 있다. 그 결과 자살, 산업재해, 노인 빈곤, 저출산 등 다양한 문제를 안고 있다. 이에 더해 2008년 리만 브라더스 금융 위기와 코로나19 팬데믹으로 서민들의 고난은 더 심해질 전망이다.

1961년 4월 11일 이스라엘 예루살렘 법정에서 전 세계의 이목을 집중시킨 재판이 열렸다. 600만 유대인을 수용소로 보내 가스실에서 죽게 만든 대량학살의 주범 오토 아돌프 아이히만의 재판이었다. 이름을 바꾸고 얼굴까지 성형하고 숨어 살던 그를 이스라엘의 첩보기관 모사드가 전 세계를 뒤져 결국 찾아낸 것이다.

재판은 나치의 잔악성을 알리기 위해 8개월 동안 전 세계 37개국에 생방송으로 동시 방영되었다. 그러나 무려 15개의 항목에서 사형을 선고받은 그는 재판이 진행되는 동안 죄를 전혀 인정하지 않았다. 상부의 명령에 충실했을 뿐이라는 이유였다.

"나는 괴물이 아니다. 나는 한 사람의 유대인도 내 손으로 죽이지 않았다." 아이히만이 재판 내내 주장한 말이다. 재판 과정을 처음부터 끝까지 지켜봤던 유대계 미국인 정치철학자 한나 아렌트는 이것을 『예루살렘의 아이히만』이란 책으로 펴냈다. 그녀가 조사한 바에 따르면 아이히만은 너무나 평범한 시민이자 한 가정의 인자

한 아버지이며, 넉살 좋은 이웃이자 괜찮은 직장동료였다. 유대인을 몇백만 명이나 죽음에 이르게 한 사람이라면 사이코패스 같은 악마의 모습을 하고 있어야 할 텐데, 이게 어찌 된 일일까?

『예루살렘의 아이히만』의 부제는 '악의 평범성(The Banality of Evil)'이다. 반인륜적 범죄를 저지르는 사람들은 태어날 때부터 악마였던 게 아니라 단지 아무런 생각 없이 업무를 수행하는 '생각의 무능'을 가진 평범한 이들이었다.

아이히만의 '생각의 무능'은 몇백 만 유대인을 죽음으로 이끈 치명적인 결과를 냈다. 일을 수행함에 있어서 가치나 목적에 대한 동기를 이해하지 않은 채 무작정 행동에 옮기는 행위는 위험하다. 사고력이 결여된 채로 상사가 시키는 일만 빠르게 진행하다 보면 업무의 옳고 그름을 판단할 수 없게 된다. 업무를 '빠르게', 그리고 '완료'하는 데에만 초점을 두다 보니 원인을 찾아 시스템을 개선하는 등 새로운 아이디어를 내는 데는 쓸 시간이 없고, 그저 주어진 일에만 최선을 다할 뿐이다.

사고력의 결여가 회사 내에는 어떤 문제를 야기할까. 수직적 계층문화를 갖고 있는 대부분의 회사는 일정 시간이 지나면 승진된다. 해당 직책의 직무 수행 능력을 갖춘 이가 선발되는 게 아니라, 현재의 업무 성과를 토대로 더 높은 직책을 가지게 되면서 자신의 현재 직무 수행 능력으로는 더 이상 수행할 수 없는 직책까지 맡게 된다. 이것이 바로 회사의 상위 직급이 무능할 수밖에 없다는 '피터의 법칙(Peter principle)'으로 한국 사회는 여전히 이 법칙이 통용되고 있다.

기계를 다루는 기술이 아무리 뛰어난 엔지니어라도 그것이 그가 사람을 다루는 기술까지 갖추고 있음을 증명하진 않는다. 해당 직책에 맞는 직무 수행 능력 혹은 교육도 없이 관리직에 올랐을 때 그들이 부하직원을 평가하는 방식에 문제가 발생할 가능성이 크다. 일을 잘하는 부하직원보다 상사에게 충성을 다하는 직원이 더 높은 평가를 받는 경우를 많이 볼 수 있다. 특히 한국은 학연과 지연의 영향이 크다. 이런 게 우선이 되다 보면 사회는 고인 물처럼 썩을 수밖에 없다.

어떠한 업무를 하기 위해선 '무엇을', '어떻게', '왜' 해야 되는지를 생각해 보는 사고력 훈련이 필수적이다. 독서는 그것을 가능케 한다.

차장 직급을 달았을 때 나는 부하직원과 독서토론을 실시하고, 그들에게 존댓말을 쓰기 시작했다. 내가 현재 운영하는 회사에서도 신입사원이 입사하면 일절 반말을 하지 않는다. 또한 차장님, 부장님 등의 호칭을 없애 가능하면 수평적인 대화가 오갈 수 있도록 분위기를 조성했다. 그에 더해 소양 교육과 독서토론도 월 1회 실시하고 있다. 하루아침에 효과가 나타나진 않겠지만 오랜 시간에 걸쳐 직원들의 태도와 습관에 영향을 끼칠 것이고, 회사의 생산성에도 큰 기여를 하게 될 것이라 믿는다.

유대인은 무형 자산(Intangible Asset)의 가치를 중시한다. 미국 할리우드의 메이저 8개 영화사 중에 무려 7개 영화사가 유대인에 의해 창립됐다. 그들은 IT, 커뮤니케이션, 헬스케어 등의 무형적 가치산업에 집중 투자한다. 이는 무형의 지식을 통해 언제든 유형의 물질을 만들어낼 수 있다고 생각하기 때문이다. 『탈무드』에서는 영적 자산인 시간과 지혜가 언제든 물질로 변환 가능한 고부가가치의 원천이라고 말한다. 역시 유대인인 넷플릭스 창업자 마크 랜돌프는 매달 만 원의 구독료를 받지만 절대 사라지지 않는 형체를 판매하고 있다. 그들은 돈이 될 모든 가치에 관심을 갖는다. 그렇다고 불법을 저지르는 것도, 남을 이기려고 하는 것도 아니다. 남과 다른 경쟁력을 가지려고 할 뿐이다.

또한 유대인은 웃음의 민족이라고 불리기도 하는데 몇 사람만 모이면 농담을 주고받는다. 주변에 농담을 하는 이들을 보면 두뇌 회전이 상당히 빠른 사람임을 알 수 있다. 타인의 감정을 알아채고, 분위기를 읽어 내야만 농담을 할 수 있기 때문이다. 게다가 유머는 반복할 수 없다. 가수들은 같은 노래를 수천 번 반복해도 돈벌이가 되지만 코미디언은 같은 유머를 다시 사용할 수 없어 늘 새로운 아이디어를 만들어 내야 한다.

이처럼 유머는 통찰력과 순발력을 키울 뿐만 아니라 건강에도 절대적으로 기여한다. 웃으면 천연 엔도르핀이 생성되어 얼굴 표정을 환하게 바꾸고, 웃음이 전파되어 주변 사람들에게 좋은 영향을 끼친다. 그런 사람 곁에는 당연히 좋은 사람들이 모이고 자연스럽게 인맥이 형성된다. 유대인은 어릴 때부터 수수께끼와 농담하는 법을 배우며 유머러스한 지성인으로 자라난다.

유대인은 새로운 것을 습득하는 과정에서 경쟁력을 갖는다. 습득, 경쟁의 의미를 가진 'Learn'이 아닌 새로운 것을 알아낸다는 의미의 'Study'를 추구하는 것이다. 유대인식 무형 자산을 늘리기 위해 나는 'CEO독서토론회'나 'CEO역사아카데미' 등을 활성화해 책과 여행으로 새로움을 찾고, 직원 및 CEO들과의 독서 토론을 통해 관점과 해석의 다양함을 인정하는 연습을 수시로 하고 있다.

우리는 "시간이 돈이다"라는 말을 밥 먹듯이 한다. 하지만 이는 명제가 잘못되었다. 돈은 벌어서 다시 찾을 수 있지만, 지나간 시간은 절대 돌이킬 수 없다. 이런 시간을 거스를 수 있는 방법이 단한 가지 있는데 그게 바로 독서. 책을 읽으면서 수천 년 전의 철학자들과 대화하고, 그의 지혜를 배울 수 있다는 건 엄청난 혜택이다. 산업은 시간이 지나면서 비교할 수 없을 정도로 바뀌었지만 인간의 심리는 그대로이기에 인문고전은 우리에게 여전히 깨달음을 준다. 고전을 읽은 자와 읽지 않은 자는 삶의 지혜 수준이 다를 수밖에 없다. 책에서 지혜를 찾은 나는 유대인처럼 타인과의 다름을 인정하는 훈련을 통해 융합하며 살아가는 방법을 배웠다.

03

# 행동하는 2%가
# 생각만 하는 98%를 지배한다

행불무득(行不無得), '행하지 않으면 얻는 게 없다'는 뜻이다. 2003년 회사를 창립하면서 사무실에 걸어 둔 사자성어다. 새해를 시작할 때 많은 사람들은 '담배를 끊겠다', '살을 빼겠다', '외국어를 배우겠다' 등 수많은 다짐을 하지만 1~2개월 만에 흐지부지되어 버리고 만다. 나 역시 그런 사람들 중 한 명이었다. 새해를 맞이하여 '주 한 권 독서'를 다짐한 지 몇 달이 채 되기도 전에 언제 그런 목표가 있었냐는 듯 퇴근 후 시간은 지인들과의 술 약속으로 메워졌다.

그런 실패를 겪으면서 내 나약한 의지를 깨닫기도 하지만, '나는 원래 그래'라며 합리화를 하거나 비슷한 상황의 동료들을 찾아 동질감을 느끼며 위로를 받곤 했다.

그러던 어느 날 책을 읽다가 이것은 의지의 문제가 아니라 환경의 문제라는 것을 알게 되었다. 인간은 환경의 지배를 받기에 주변에 골프와 술을 좋아하는 사람이 많으면 그런 모임에만 참여하게 되어 있다. 내 주변 환경부터 바꿔야 할 것 같았다.

가장 먼저 우리 회사 직원들을 상대로 독서토론회를 만들어서 월 한 권의 책을 반드시 읽도록 했다. 바쁜 와중에도 책 한 권은 꼭 읽어야 했으므로, 직원들은 출퇴근하는 전철에서도 휴대폰으로 연예인 뉴스를 읽던 습관을 버리고 책을 펴 들었다. 나도 의무감으로 책을 읽다 보니 졸음이 몰려왔지만 하루 목표량을 채워 나갔다. 더 나아가 책에서 '인상 깊은 문장' 하나씩을 찾아서 매일 아침 직원들에게 보내 주기로 약속을 해 버렸다. 약속을 지키기 위해 시간을 쪼개고 쪼개서 책을 읽고 문장을 골라냈다. 술에 취해 귀가하는 전철 안에서도 책을 읽었다.

집에 와서도 습관적으로 TV를 켜는 버릇을 고치기 위해 아내의 동의를 얻어 TV까지 내다 버렸다. 마침 오래된 TV라 아깝진 않앞다. 오래되고 안 좋은 습관을 버리고 새롭고 이로운 습관을 만들기 위한 환경을 조성한 것이다.

더불어 지인의 소개로 등산을 하게 되면서 자연스럽게 골프 모임과 술자리는 줄었다. 캐런 킹스턴의 『아무것도 못 버리는 사람』을 읽고 나서는 당장에 일어나 방 안의 안 쓰는 물건들을 정리하기 시작했다. 그 전까지는 눈으로 읽고 귀로 들으면서도 '그렇구나' 하고 넘겼던 것들을 드디어 행동으로 옮기기 시작한 것이다.

소파에 늘어지게 누워 TV만 보던 사람이 바르게 앉아 책을 읽고 내용을 생각하려니 얼마나 힘들었겠는가. 책을 읽다가 잠에 빠지거나 퇴근 후 지인들과 왁자지껄하게 술을 마시고 있는 내 자신을 발견하기 일쑤였지만, 목표를 정하고 노력한 10년의 세월은 결국 술과 골프를 90% 이상 줄여 주었다.

미국인 중에는 자신의 이름으로 된 책 한 권을 출판하고 싶다는 사람이 80%를 넘는다고 한다. 하지만 그것을 행동으로 옮기는 사람은 2%가 채 되지 않는다. 1979년 하버드 대학 자료에 의하면 졸업생의 3%가 자신이 바라는 목표를 종이 위에 기록하여 실천했고, 13%가 기록이 아닌 머리로만 목표를 설정해 실천했다. 그리고 나머지 84%는 아무런 목표 없이 살아갔다. 10년 후 그들의 인생을 추적해 보니 목표를 종이에 적어 실천한 3%의 졸업생이 나머지 97%보다 평균 2배의 수익을 냈다고 한다. 그들의 학벌이나 IQ와는 관계없이 자신이 원하는 바를 정확히 정리하고 기록하고 실천하는 것이 얼마나 중요한지 깨닫게 해 주는 실험이었다.

많은 사람들이 목표를 생각만 하고 종이에 적지 않는다. 적는 것도 힘든데 그 목표를 행동으로 옮기는 것은 얼마나 힘들겠는가. 그렇기 때문에 인간의 의지에만 기댈 게 아니라 다양한 시스템을 만들어 포기하지 않게끔 환경을 만들어야 하는 것이다.

그중 한 가지 방법이 바로 기한을 정하는 것이다. 기한을 정하지 않은 목표는 탄환을 장전하지 않고 쏘는 총과 같다는 말이 있다. 신문사와 출판사는 데드라인을 정해준다. 마감 기한이 있으면 밤을 새워서라도 마무리 한다. 이와 같이 '독서토론회 날'이라는 데드라인을 정하면 대부분의 회원들은 개인적인 약속을 줄여 가며 책을 읽고 온다. 사람의 의지는 한계점이 있으니 이런 방법을 사용하면 목표 성취율을 높일 수 있다.

이어령 교수의 인터뷰 기사에 이런 말이 있었다. "물질이 자본인

시대는 지나갔고, 이제 공감이 가장 큰 자본이 되는 시대다. BTS를 보러 왜 서양인들이 텐트를 치고 노숙을 하겠는가? 바로 아름다운 소리를 듣기 위해서다." 한국 중산층의 기준은 아파트, 월소득, 자동차, 예금 잔액 등 물질적 가치에 두지만, 영국, 프랑스 등 유럽의 중산층 기준은 페어플레이 정신, 외국어 능력, 직접 즐기는 스포츠, 다룰 줄 아는 악기, 봉사활동 등이다.

  CEO모임에서도 이런 정보를 수십 차례 전달했고, 이제는 함께하는 사람들이 제법 많다. 유형적 자산은 일정 수준에서 행복지수가 정체되지만, 무형적 자산은 유형적 자산을 축적하는 일보다 보람이 더 크고 행복지수의 한계 또한 없다. 타인과 나누기 어려운 유형적 자산과 달리 무형적 자산은 얼마든지 파이를 키워 나눌 수 있다. 나의 작은 행동에서 시작한 파이가 커져서 지인의 지인에게까지 전달되는 것을 보면 그 뿌듯함은 말할 수가 없다.

  얼마 전 모임에 가입한 한 여성 회원은 지금껏 일만 하고 살아왔다고 했다. 하지만 역사아카데미와 독서토론회에 참여하면서 아이들에게 책 읽는 엄마의 모습을 보여 주고, 함께 지식을 나누기 시작했다고 한다. 어느 날 그녀는 모임에서 진행한 단체 뮤지

컬 관람에 아이와 함께 참여했는데 공연이 끝난 후 택시를 타는 대신 아이와 손을 꼭 잡고 집까지 걸어가며 뮤지컬과 모임에 대해 도란도란 얘기를 나누었다고 말했다.

얘기를 하는 그녀의 목소리는 상당히 들떠 있었다. 회사와 집만 오가던 생활에서 벗어나 다양한 경험을 하니 삶의 여유도 찾게 되고, 아이들과 풍부하게 감정을 나누게 된 것이다. 내게 감사의 메시지를 보내는 모습에 크나큰 보람을 느꼈고 작게나마 선한 영향력을 전하는 일에 대한 의지가 더욱 불타올랐다.

세상에서 가장 먼 여행은 머리에서 가슴까지 가는 여행이라고 한다. 우리의 고정관념을 깨는 데에는 굉장히 많은 시간이 걸린다. 그리고 가슴에서 발까지는 더더욱 오래 걸린다. 머리로 이해하고 가슴으로 공감했는데도 두 발로 행동하지 않는다면 의미가 없다. 약 15년 전에 천안의 한 의료기 업체를 방문했을 때 발견한 사자성어 '행불무득'은 오랜 시간 내 행동력의 근간이 되었다. 덕분에 이제는 주변 사장들로부터 '실천의 대가'라는 별명도 얻었다.

일본 친구들과 미팅을 하고 나면 '곤도(이 다음, こんど, 今度)'라는 말을 자주 한다. 예를 들어 '곤도 술 한 잔 하자'라든지, '곤도 식사

한 번 하자'라는 등의 말을 으레 한다. 처음에는 그 말을 믿고 기다렸지만 그저 인사치레였음을 알게 된 것은 꽤 오랜 후였다. 나는 그런 말을 쉬이 하지 않는다. '곤도'라고 말했으면 그 자리에서 약속을 잡거나 곧 일정을 잡아 통보해 준다. 이러니 이젠 상대도 나에게 허투루 말하지 않는다. 생각만 하는 98%가 아닌 행동하는 2%로 신뢰를 얻게 됐으니, 내 이마에는 '행동가'라는 브랜드가 하나 더 형성된 것이나 다름없다.

04

# 이노비즈 최고경영자과정에
# 입문하다

8년 전 나는 배움에 한창 목마른 상태였다. 그땐 술과 골프를 끊었던 때라 딱히 할 일도 없었다. 그러던 중 지인과 식사를 하다가 이노비즈협회에서 운영하는 '이노비즈 최고경영자과정'을 알게 되었다. 이노비즈협회는 20,000여 개의 인증사와 6,300여 개의 회원사를 보유한 기술혁신형 중소기업협회로, 혁신성장의 슬로건 아래 기업 간 연결을 통해 융합 비즈니스를 지향하는 프로그램을 운영하고 있다.

최고경영자과정을 통해 인맥을 넓히면서 강사들의 지식과 삶의 지혜도 들을 수 있다니 이만한 게 없었다. 첫 수업은 숙명여자대

학교 신세돈 교수의 '글로벌 경제금융전망과 중소기업 대응방안'
이란 강의였다. 신 교수는 세계경제 침체가 환율 관계와 부동산
가격 및 자산 가격의 하락 등 경제에 미치는 악영향에 대해 설명
했다. 유튜브 또는 TV 속에서나 들을 수 있던 내용을 강의실 맨
앞자리에 앉아 생생하게 들으니 다소 생소하기도 했다.

  강의 이후 나는 미래 경제의 흐름을 좀 더 자세히 파악하기 위
해 최윤식 미래학자 등 전문가의 저서를 읽고 추가 강의를 찾아
서 들었다. 결국 2020년 제2의 IMF가 올 것이라는 예측 아래 15
년 된 본가를 팔게 된 계기가 되기도 했다. 국내 기업은 중국 기업
의 경쟁력에 밀려 단가 하락에 의해 도산하거나 중국으로 이전할
것으로 예단했다.

  많은 관찰을 통해 아내가 13년 가까이 재직 중인 대학병원이 경
제 침체에도 불구하고 환자가 증가하고 있다는 사실을 발견했고,
고민 끝에 고객사를 의료기 시장으로 옮기기로 결심했다. 이후 3
년의 시간을 들여 새롭게 영업을 정비했다. 엑스레이, 레이저, 검
안기 등 관리가 까다로운 고품질 의료장비 시장만이 미래에 생존
할 것으로 봤기 때문에 과감히 도전했다. 다행히 과거 하이테크

교덴 일본 본사 근무 시절 배운 시스템 및 품질관리 노하우를 활용하여 기존 IT 분야의 고객을 의료기기 장비 분야로 순조롭게 전환시킬 수 있었다.

그러나 이와 반대로 몇 년 전 집을 판 것은 엄청난 실수였다. 경제 침체와 인구 감소로 인한 집값 하락을 패기 있게 예측했지만 부동산은 오히려 2배로 뛰어 버렸다. 심지어 집을 팔 때 아내의 완고한 반대도 있었다. 내 고집으로 인한 큰 피해니 이혼당하지 않은 것만으로도 다행이라 여겼다. 지난 달엔 또 월세를 올리겠다는 집주인의 전화가 왔다. 주식과 집값은 하느님도 모를 일이라고 했는데 어찌 미래학자도 아닌 내가 이걸 정확하게 예측할 수 있을 것이라고 자신했더란 말인가.

이노비즈 최고경영자과정 수업은 3개월간 지속되었다. 1,2교시 수업이 끝나면 당연하다는 듯 3교시 술자리가 이어졌다. 하지만 난 이미 술자리엔 참여하지 않겠다는 다짐을 했기에 단 한 번도 참석하지 않았다. 차장, 부장직에 있을 땐 해외고객 등에게 술과 선물 접대도 많이 했으나 2003년 사업을 시작한 이후로는 그러한 접대를 공식적으로 중단했다. 당시 회사 영업차장들은 볼멘소리를 했지만 그 후 김영란법으로 5만 원 이상의 선물이 법으로 금지되었다는 사실을 떠올려 보면 일찍이 술, 골프 접대를 없애 품질과 납기만으로 승부를 본 것이 오히려 영리한 선택이었다. 출발은 경쟁업체보다 늦었지만 접대 근절 문화가 형성되면서 오히려 모범사례가 된 것이다.

술과 골프를 줄이니 가족들도 좋아했다. 수업 동료들과는 만난 지 3개월이 지나고 나서야 제주도 졸업여행에서 처음으로 함께 술을 마셨다. 내가 그동안 술자리는 단 한 번도 가지 않았다는 사실을 그들이 전혀 몰랐다는 것이 놀라웠다.

나는 이미 몇 년 전부터 집에서는 아이들과, 회사에서는 직원들과 독서토론을 하고 있었기에 이제는 CEO끼리도 해보고 싶었다. 그래서 선배 기수들에게 월 1회 회사에 내방해 같은 책을 읽고 토론을 해 보자고 제안했다. 한 선배가 내 제안을 흔쾌히 받아들였고, 다른 동료도 함께 하겠다고 하여 우리는 그날 저녁 회사 근처에서 식사를 하고 독서토론을 시작했다.

똑같은 책을 읽어도 의견은 사뭇 달라 서로에게 배울 점이 많았다. 특히 분야가 다른 사업군이라 서로의 회사를 방문해서 경영

방식을 엿볼 수 있어서 경영 활동에도 도움이 되었다. 우리의 독서토론 활동은 어느새 소문이 나 한두 명씩 참가하고 싶다는 사람들이 생겼다. 3명이 5명이 되고, 또 7명이 되고 그렇게 인원은 조금씩 늘어갔다.

작은 모임으로 시작한 이 활동은 결국 2년 뒤 이노비즈 동문회 공식 동아리로까지 인정받아 활동비도 정식으로 후원받게 되었다. 각 기수 동문들에게 이 소식을 알리고 이번에는 자기계발서부터 고전인문서까지 폭넓게 도서를 선정해서 토론했다. 고전문학은 정말 어려웠으나 이해를 위해 관련 도서를 더 찾아 읽으면서 역사적 배경도 깊게 이해할 수 있었다. 배경지식이 풍부해지면서 진행자로서 가지고 있던 두려움도 차츰 적어지고, 다른 의견의 논리적 근거를 이해할 수 있게 되어 경청과 공감 능력 또한 키울 수 있는 기회가 되었다.

만약 성공하는 사람과 그렇지 못한 사람의 차이점을 하나만 뽑으라고 한다면 나는 주저 없이 '경청'이라고 답할 것이다. 말재주가 뛰어남에도 그다지 두각을 드러내지 못하는 사람에게는 특히 경청 능력을 키우라고 하고 싶다. '경청(傾聽)'은 보통 '기울일 경(傾)'

을 쓴다. 이따금 '존경할 경(敬)'을 쓰기도 한다. 나는 누군가의 이야기를 들을 때 집중하고 있다는 의미로 일부러 몸을 상대 쪽으로 기울여 듣는다. 친구들과의 모임에서든 직원들과의 토론에서든 마찬가지다. 내용의 옳고 그름은 다음 문제다. "맞습니다", "동의합니다" 등 맞장구와 함께 경청하는 것은 매우 중요하다.

'들을 청(聽)' 자를 자세히 들여다보면 더 이해하기 쉽다. 우선 왼쪽 부수에 '귀 이(耳)'가 보인다. 그 아래에는 '임금 왕(王)'이다. 즉 임금의 커다란 귀로 들으라는 것이다. 우측 부수를 보면 '열 십(十)', '눈 목(目)', 그리고 '일심(一心)'이 있다. 열 개의 눈과 온 마음으로 들으라는 뜻이다. 이 한자를 보고 난 후 고객을 만날 때마다 내가 먼저 말하지 않으려고 노력했다. 무조건 고객이 먼저 얘기하도록 유도한 뒤, 몸을 기울여 듣고 공감 표시를 했다. 말이 끊어지면 다시 이어지도록 질문 몇 가지를 준비하는 것도 센스다.

이 '경청' 기법을 사용하여 독서토론회를 8년째 무사히 운영해 오고 있다. 우연히 만나게 된 이노비즈의 한 강의에서 시작해 이제는 내가 하나의 모임을 성공적으로 운영해 오고 있다는 사실이 신기하고 뿌듯하다. 지금까지 『사서삼경』, 『사기』, 『일리아스』, 『오

딧세이아』, 『안나 카레니나』 등 수많은 고전문학을 주제로 다뤄
왔다. 이러한 책들을 통해 삶의 지혜를 배우고, 2~30명이나 되는
동료들의 다양한 의견을 공유할 수 있는 자리가 되었다. 독서토론
회는 단기적인 모임이 아니다. 읽을 책은 무궁무진하고, 그 속에
서 배우고 나눌 점은 차고 넘친다. 앞으로도 나의 경청은 계속될
것이다.

05

# 변화와 도전을 즐기는
# 리더의 씨앗

첫 직장이었던 혜화동 퇴근길에서 마셨던 시원한 생맥주 한 잔이 생각난다. 벌써 30년 전이다.

제대 후 복학을 하니 세상을 바라보는 시각이 180도 달라졌다. 취직도 해야 하고 결혼도 고려해야 하는 나이가 되어 버렸던 것이다. 당시에는 개인 컴퓨터가 보급되어 있지 않은 시기였는데, 세상 흘러가는 시류를 보아하니 미래에는 컴퓨터를 이용한 업무가 보편화될 것임을 직감했다. 그때부터 학교 전공수업은 등한시한 채 컴퓨터 정보처리기사 1급 자격증 취득 준비를 시작했다.

주로 중형 또는 대형 컴퓨터를 학교나 기업체에 설치한 후 단말기를 여러 대 붙여 사용하던 시절이라 소형 PC는 드물었다. 학원에서도 플로피 디스크로 컴퓨터 부팅을 한 뒤 엑셀, 워드 등을 배웠다. 다행히 6개월 만에 자격증 취득에 성공했고, 지인이 운영하던 학원에서 초등반을 시작으로, 3개월 뒤에는 성인반을 가르치는 강사 아르바이트를 했다. 덕분에 자취방에 TV를 놓고 살 수 있을 정도로 돈을 벌기도 했다.

이내 졸업 시즌이 다가와 50여 곳에 이력서를 제출했다. 지방대 출신이라서 그런지 받아주는 곳은 없었다. 그러던 어느 날 학과장이 전산학과 교수와의 친분으로 얻어낸 소프트웨어 개발자 모집원서를 가져다 주었다. 그리고 그곳이 나의 첫 직장이 되었다. 전공 분야는 아니었지만 운 좋게도 면접에서 성실성, 태도 등에 좋은 점수를 받아 합격했다.

입사 후 수습사원으로 근무하던 중 타 부서인 소형 컴퓨터 영업 부서에서 강의 지원 요청이 들어왔다. 타 기업을 상대로 진행하는 PC 교육에 조수가 필요하다는 것이었다. 수습기간이었지만 대학 시절 학원 강사 아르바이트 경력이 있던 내가 운 좋게 해당 자리에 차출되었다.

첫 방문지는 인천에 위치한 가구회사였다. 첫날 보조로 들어가 수업을 돕는데 선배가 그다지 강의를 잘하지 못하는 것 같았다. 인사과 관리직 직원들도 불평을 하던 차였다. 선배와 점심식사를 하면서 강사 아르바이트 경험을 이야기하고 오후 강의는 바쁘시다면 내가 진행하겠노라 했다. 마침 선배도 바쁜 업무가 밀려 있는지 흔쾌히 승낙해 주었고, 그날 오후 강의는 내가 대신했다. 갑작스러운 도전이었지만 의외로 관리실 직원들의 호응이 좋았고, 그 후 일주일 동안 강의를 맡아 진행하게 되었다.

그렇게 강의를 모두 마친 후 회사로 복귀했는데, 업체 측에서 강의 수준이 뛰어나다며 바로 추가 강의 신청이 들어왔다. 그 소식에 사장은 나를 불러 칭찬을 해 주었다. 이후 서울우유, 롯데, 광주 기아자동차 등 많은 대기업 강의를 주도했다. 이 경험은 내게 자신감을 가져다 주었고, 의욕적으로 먼저 아이디어를 내는 등 리더의 역할을 연습할 수 있었다.

1년 뒤 회사는 일본 전자업체와 협력해 별개의 법인을 설립했고, 나는 그곳으로 옮겨갔다. 전자공학 비전공자에 일본어 문외한이었음에도 불구하고 성실하다는 이유 하나만으로 사장의 추천을 받아 일본 파견 사원으로 선출된 것이다. 처음에는 정식비자가 없어 여행비자로 2주 동안 근무하고 복귀한 후 다시 일본으로 가서 업무를 배우는 일을 3개월 동안 반복했다. 비행기 한번 타본 적 없는 나로서는 매우 소중한 경험이었다.

첫 출장지인 요코하마 지사에서는 전자 CAD 업무를 배웠는데, 일본어를 할 줄 모르니 당연히 힘들 수밖에 없었다. 사무실에서는 눈치로 배웠고, 퇴근 후에는 집에 처박혀 TV와 만화를 보며 단어를 익히고, 모르는 것들은 적어 두었다가 일본인 동료들에게 물어보았다. 생존을 위해 일본어는 필수적이었기에 악바리 근성으로 절실하게 공부했다.

3년 계약으로 일본에 있는 동안 결혼식도 올리지 못한 아내는 한국에서 혼자 작은 방에 살았다. 당시에는 인터넷은커녕 무료 국제전화도 없었기에 주로 편지로 소식을 전했다. 너무 힘들어하는 아내를 위해 잠시 입국하여 결혼식을 올리고 다시 출국했다.

6개월 뒤에는 마츠모토 생산라인과 함께 있는 설계실로 자리를 옮겨 더 많은 업무를 배웠다. 그 사이 일본 본사는 미국 전자 CAD사를 인수했고, 한국에도 지점을 만들었다. 나는 급히 도쿄

사무실로 옮겨 엔지니어 기술을 익혔고, 한국에서 엔지니어를 필요로 할 때 돌아올 수 있었다. 1년 반 만의 일이었다.

엔지니어 기술 외에도 강사 경험과 소프트웨어 개발팀의 소스 개발, 그리고 일본에서 쌓은 다양한 지식들을 종합해 삼성, LG, 포스코 등 많은 대기업 고객들 앞에서 프레젠테이션을 했다. 이로써 많은 연구원들과도 인맥을 형성하기 시작했다.

회사는 기존 소프트웨어 개발과 PC 판매 실적보다도 새롭게 발족한 전자 CAD 분야를 눈부시게 성장시켰고, 처음으로 코엑스 전시장에 나가 전자 CAD 전시를 주도했다. 비록 영업사원은 아니었지만 기술영업의 엔지니어 자격으로 대기업은 물론 인켈, 태광, 맥슨 등 잘나가는 중소기업의 엔지니어들과 교류해 나갔다. 그 결과 몇 년 뒤 일본 교덴사와 투자 합병하여 신설 회사를 창립할 때 2개급 진급하여 차장으로 발탁될 수 있었다.

이 시절 내 인생의 큰 즐거움 중 하나는 퇴근길 한 잔의 생맥주였다. 엔지니어 시절에는 혜화동 소프트웨어 개발팀 동료들과 툭하면 밤을 새곤 했다. 고참이 술값을 내는 제조회사의 문화와 달리 소프트웨어 개발자들은 각자 비용을 부담했다. 생맥주 한 잔은 오백 원 정도로 기억하는데 박봉의 급여에도 부담 없는 가격이었다. 안주로는 닭튀김 한 조각을 더해 세상을 다 얻은 듯한 기분으로 하루의 피로를 풀곤 했다.

그러나 난 그 와중에도 새로움을 갈구했다. 기존의 술만 마시던 관행에서 벗어나 혜화동 대학로의 장점을 살려 연극 관람을 시작했다. 맥주 한 잔을 마셔도 특별한 행사를 마련해 의미를 담고 싶었다. 이후 부부모임에서도 특별한 주제가 있는 만남을 기획하는 등 항상 새로움을 찾아 나섰다.

어쩌면 내 DNA에는 혁명의 기질이 들어있는지도 모른다. 군대 상병이었을 때 부대 내 강압적 분위기를 바꾸려 하다가 영창을 갔다. 첫 직장생활과 친구들 모임에서도 그저 반복되는 패턴을 쉽게 지루해했다. 변화를 추구하는 내 기질이 독서토론, 등산, 여행 등으로 인생의 패러다임을 바꾸어 놓았는지도 모른다. 아니면 첫 직장에서 갈고 닦은 기획력과 도전 정신이 점점 발전하여 모임의 리더가 된 것일 수도 있다.

## 06

# 길운과 어머니

친구들은 나를 이따금 '길운(吉運)'이라고 부른다. '좋은 운수'라는 뜻인데, 내가 태어난 동네가 함백 길운이기 때문이다. 함백은 정선군에 속하는 탄광지대다. 당시 탄광은 서울에서 돈을 벌러 올 정도로 벌이가 괜찮은 곳이었다. 그 중 길운은 광부들이 사는 집들이 길게 연결되어 있는 마을이다. 앞에는 큰 개울이 흐르고 뒤에는 큰 산이 버티고 있어 배산임수의 조건을 완벽히 갖춘 곳이다. 앞산 자락에는 늘 흰 구름이 걸려 있다. 원래 길운의 '운(運)'은 '구름 운(雲)'이 아니었을까. '함백(咸白)'이라는 지명도 '다 함(咸)'자와 '흰 백(白)'자를 써서 한자 그대로 '다 깨끗하다'라는 의미다.

그런 곳에서 성장하며 '함백'과 '길운'은 내 가치관이 되었다.

경남 진해가 고향인 어머니는 탄광촌에 일자리를 구한 아버지를 따라 강원도로 왔다. 광부로 일했던 아버지가 사고로 다친 후 어머니는 작은 가게를 하나 마련하여 생활비를 벌었다. 어머니는 탄광회사에서 광부들에게 지급했던 쌀표와 연탄표 등을 여름 내내 싸게 사들였다가 겨울에 되파는 일을 했는데 지금 생각해 보니 어머니는 상당한 사업 수완을 발휘한 것 같다. 그렇게 아버지 병간호에다 4남매까지 키워 낸 어머니는 생활력이 강한 분이었다. 사업을 하고 모임을 이끌어 나가는 내 능력도 어쩌면 어머니에게서 물려받지 않았을까.

소고기 한 근 사기가 쉽지 않았던 그 시절 어머니는 손님이 오면 소고기를 무려 10근이나 준비하는 손이 큰 사람이었다. 평소 옷 한 벌 사는 것도 아끼는 사람이 동네 주민들에게 음식을 나눠 주거나 도움을 주는 데에는 서슴지 않았다. 김치, 잡채 등 음식을 할 때는 양동이 한가득 해서 옆집에도 나눠주었고, 친구들이 오면 당신이 아끼던 머루주를 항아리째 내어 주어 실컷 마시고 돌아가게 했다.

또한 어머니는 넉넉지 않은 살림에도 책을 읽어야 한다며 우리 남매에게 위인전 한 질을 통째로 사주었다. 내가 지금도 책에 목말라하는 것은 그 시절 어머니가 강조한 독서의 중요성이 무의식 속에 깊게 자리하고 있기 때문인 듯하다.

어느 날 영월의 작은 병원에 종합검진을 받으러 갔던 어머니는 의사의 조언으로 대형병원에서 정밀검사를 받았다. 운명의 그날을 난 잊을 수가 없다. 어머니는 위암을 진단받았고, 형제들과 모여 의논 끝에 수술 대신 민간치료를 해 보자고 결론지었다.

다양한 방법을 모두 시도해봤지만 효과는 없었다. 자존심이 매우 셌던 어머니는 당신의 몸이 마음대로 움직이지 못하게 되자 삶의 의지가 꺾였다. 아버지와도 떨어져 홀로 다른 방에서 생활했던 어머니는 9개월 후 위를 절제하는 대수술을 받았다. 하지만 이미 큰 효과를 볼 수 없는 상황이었다. 이후 어머니는 맛있는 것, 즐거운 것을 누리지도 못한 채 병실에 있다가 돌아가셨다.

어머니가 투병하는 동안 나는 어머니를 자주 뵙지도, 챙기지도 못했다. 돌아가시는 날에도 지인들과 한 잔 하다가 곧 운명하실 것 같다는 소식을 듣고 달려갔다. 그래서 늘 한쪽 가슴에는 불효

자의 죄책감이 남아 있다. 그래서 어머니를 모신 절에 찾아가면 언제나 용서를 빈다.

5년 후 아버지가 폐암 진단을 받았을 때는 그 죗값을 치르기 위해 무조건 주 1회 치료에 동행하고 점심과 저녁을 함께 했다. 그렇게 1년을 함께 한 어느 날 아침 통화를 한 뒤 아버지는 심정지로 숨을 거두셨다. 내 마음은 그렇게 무겁지 않았다. 아버지에게 할 만큼 했다 따위의 생각이 아니라 암으로 오랜 시간 고생하다 돌아가신 어머니나 주변 폐암 환자의 사례를 봤을 때 폐에 물이 차는 극심한 고통을 겪기 전에 편안히 돌아가신 것이 오히려 다행이라는 생각을 했기 때문이다.

이제는 고향을 찾을 일도 없고 형제들과의 만남도 뜸해진 상태다. 인생의 강물은 누군가 죽고 살고 해도 쉼 없이 흘러간다.

'유홍(輶弘)'은 '넝쿨 류(輶)'에 '클 홍(弘)'인데, '길운(吉運)'과 붙여 해석해 보면 '좋은 운이 넝쿨째 굴러온다'라는 의미가 된다. 그래서 이름 때문에라도 주위를 이롭게 하며 살아가려고 노력한다. 고전을 공부하고 난 뒤에 동네 이름과 내 이름의 의미를 다시 생각해 보고, 그 의미대로 살고자 다짐했다. 예전 같으면 건성으로 대했을 행동에 이제는 진심을 다한다. 남들이 잘되길 바라며 정보도 마음껏 퍼주고, 누군가 아픔을 겪고 있으면 공감해 주고 도와주려고 한다. 내가 베푼 선행의 에너지는 다시 돌아오기를 반복해 긍정적인 순환을 만든다는 것을 믿기 때문이다.

『주역』에서는 적선의 영향이 삼대를 간다고 말한다. 어머니는 베풂과 적선을 통해 '덕승재(德勝才, 덕이 재능을 이긴다)'를 실천했다. 나도 사회생활을 하며 이따금 불합리한 상황에 맞닥뜨리지만 '재승덕(才德勝, 재능이 덕을 이긴다)'은 피하려고 노력한다. 회사나 모임에서도 재주가 태도를 앞서는 사람보다는 타인을 배려하는 사람들을 가까이하려고 하고 있다. 나만을 생각하는 이기적인 자세로 모임에 참여하면 결국은 모두 나를 떠난다. 고전에서 배운 경청과 같은 지혜는 결국 어린 시절 이미 어머니에게서 모두 배운 셈이었다. 길운의 기운은 곧 그 시절 어머니의 기운이었던 것이다.

## 07

# 멀리 가고자 한다면
# 함께 걸어라

리더는 절대 혼자서 일할 수 없다. 혼자서 성공하기는 더더욱 어렵다. 내가 운영하고 있는 회사의 사훈은 '성공은 좋은 습관이다, $S=amh^2$'인데, 이 중 'm'이 동기 부여를 뜻하는 'motivation'이다. 혼자 모든 걸 결정하고 혼자 일하는 것이 아니라 직원들이 성장할 수 있도록 적절한 동기 부여를 해주는 것이 리더의 역할이다.

직원들과 함께 멀리 가고자 한다면 동기 부여는 생산성을 높이기 위해 꼭 필요한 항목이다. 동기를 주고 의욕을 불러일으키기 위해 권한과 책임을 주고 스스로 판단하게 만든다. 물론 업무를 직원이 진행하게 되면 부족한 점이 있을 수 있다. 하지만 아이를 키울 때도 부모가 모든 일에 간섭한다면 아이의 성장에 한계가 생기는 것처럼, 동기 부여가 사라지면 능동적 자세가 무너진다.

이때 인센티브와 같은 외적 동기도 중요하지만 내적 동기가 더욱 큰 역할을 한다. 어떤 업무를 수행함에 있어 스스로 조사하고 연구하여 완료해 냈을 때의 성취감은 외적 보상을 받았을 때보다 훨씬 크다. 적절한 동기 부여로 직원의 능동적 자세를 활성화하는 문화가 사내에 확산될 때 비로소 직원들이 리더의 뒤를 따라오는 것이 아니라 리더와 나란히 함께 갈 수 있다.

내가 운영 중인 회사에서는 구매, 생산 등 크고 작은 결정권을 직원에게 준다. 아무리 급해도, 회사에 사장이 없어도 내게 전화하지 않고 이미 준비된 시스템으로 돌아간다. 대신 잘못된 판단으로 인해 실수가 생기거나 추가적으로 드는 비용은 모두 내가 책임진다. 속이지만 않는다면 직원들의 실수는 질책하지 않는다. 능동적으로 업무를 하면서 생기는 시행착오에 주눅 들지 않도록 환경을 만들어 주는 것이다. 그러면 직원들은 리스크를 기꺼이 감수하고 과감히 도전한다.

나의 가장 큰 업무는 직원에게 지시를 하는 게 아니라 직원들을 키우는 일이다. 멀리 가려면 함께 갈 직원을 끊임없이 교육해야 한다. 특히 리더의 경청 습관이 중요하다. 직원들이 자유롭게 의견을 내고 질문하는 연습은 정기적인 독서토론을 통해 하고 있는데, 아무리 말 잘하는 직원이라도 리더가 듣지 않으면 그 의견은 금방 묵살되어 버린다. 그래서 난 직원들뿐만 아니라 주변 사람들이 내는 아주 사소한 아이디어나 의견이라도 주의 깊게 들으려 한다. 여기에 독서토론, 역사교육 등 적절하고 다양한 교육이 더해지면 직원들의 성장을 도모할 수 있는 환경이 만들어진다.

이렇게 되면 장비 하나를 사더라도 내가 독단적으로 결정하는 것과는 큰 차이가 난다. 견적부터 구매까지 한 직원이 다 해버리면 그 장비는 마치 그 직원의 것이 된 것처럼 다뤄지게 되니 결정 과정에서 실수하지 않도록 사전 회의를 통해 기능과 가격 등을 여러 번 체크한다.

내가 독서토론을 좋아하는 이유 역시 한 권의 책을 읽고 여러 개의 시각과 해석을 들을 수 있기 때문이다. 회사에서도 프로젝트가 있을 때 여러 직원들에게 반복해서 물어본다. 회의 시간에도 내 얘기는 최대한 줄인 채 직원들의 다양한 의견을 듣는다. 중대한 문제는 충분히 물어보고 난 뒤 결정해도 늦지 않다.

1920년 '데일 카네기 코스'의 사업가와 전문영업직 교육 훈련에도 "상대방이 자신의 이야기를 하도록 격려하라", "상대에게 충분히 말할 기회를 주어라" 등 사람과의 관계를 설명했다. 보통 리더들은 만나보면 자신의 이야기를 하느라 정신이 없다. 그래서 시간이 충분히 지나도 상대방이 어떤 사람인지 잘 알지 못한다.

인격이 사람을 불러온다는 이야기도 있다. 수많은 사람들은 비즈니스를 위해 형식적인 인간관계를 맺곤 한다. 하지만 장삿속으로만 접근한다면 그 관계는 오래가지 못한다. 인생 철학과 인품이 훌륭한 사람이 있다면 누구나 그를 곁에 두려고 노력할 것이다. 오래도록 함께 하고 싶은 사람은 기본적으로 인성을 갖춰야 한다.

나는 예전부터 혼자 여행을 즐겼다. 간섭도 없고 조용해서 좋았다. 그러나 리더로서는 팀워크를 연습하는 게 중요하다고 생각하여 이후부터는 혼자 가더라도 여행지에서 만난 사람들과 교류를 시도했다. 어학을 잘 하는 사람, 길을 잘 찾아가는 사람, 대인관계가 탁월한 사람, 경청을 잘 하는 사람 등 사람마다 각자 다르게 가지고 있는 장점을 발견하여 협력하는 것이다.

그때 연습한 소통 능력과 협력은 내가 회사 운영을 할 때 리더십을 발휘할 수 있게 도와주었다. 직원들과 같이 일하다 보면 그만의 장점을 찾아낼 수 있다. 리더의 몫이란 그런 장점을 찾아 일을 맡기는 것이기도 하다. 스포츠팀처럼 회사도 팀워크가 있어야 잘 굴러간다. 이는 많은 회사에서 이미 검증된 시스템이다. 이러한 분업에 기반한 집단지성(Collective intelligence)은 이미 동기 부여와 함께 가장 많이 활용되고 있다. 회사에 새로운 장비를 도입하거나 시스템을 신설할 때 각자 잘하는 분야에 대한 의견을 내게 되면 시행착오를 줄일 수 있다.

직원들과 몇 해 전 키이스 페라지의 『혼자 밥 먹지 마라』를 읽고 토론하면서 인간관계 구축에 대한 많은 지식을 얻었다. 회사의 매출과 이익을 올리기 위해서도 대인관계를 넓히는 일은 중요하다. 독서토론을 통해 스피치, 경청, 관계 등의 정의를 배우고 책의 이론을 실천했다.

다양한 분야의 CEO들과 독서토론을 하면서 자연스럽게 네트워크가 형성되고 참신한 아이디어를 많이 얻게 된다. 게다가 다른 회사를 방문하게 되면서 자연스레 그 회사의 운영 시스템과 노하우도 엿볼 수 있으니 함께 한다는 것은 여러 가지로 득이다.

　나는 오늘도 점심을 누구와 먹을지 고민한다. 가벼운 점심조차도 어쩌면 많은 지혜를 얻는 자리가 될지 모르기 때문이다. 100명 중 좋은 사람 한 명을 만나기도 어렵지만 나는 오늘도 함께 걸어갈 또 한 사람을 찾는 중이다.

## 08

# 매일 아침 책 속의 한 문장

매일 아침 출근길에 그동안 읽은 책에서 중요한 한 문장을 발췌해 직원들에게 보내고 있다. 벌써 18년째다. 나 혼자만 알기엔 너무나도 아까운 문장들을 공유하는 것이다. 이 문장들은 전날 저녁 적어두는데, 적으면서 문장의 의미를 다시 한 번 새겨 본다. 18년이 넘게 이걸 반복하다 보니 이 문장들은 기억에 남아 내 인생의 지표가 되었다.

1년은 52주다. 일주일에 꼬박 다섯 문장을 준비하려면 책 읽기를 게을리할 수 없다. 1년이면 260개의 문장이다. 공휴일과 주말 등을 제외하고도 약 200여 개의 문장을 직원들에게 보내는 것이다. 의미 있는 문장을 한두 개 골라내기도 하고 한 권의 책을 대변하는 한 문장을 만들어보기도 하는데, 18년을 꾸준히 보내 왔으니 적어도 3,600개 정도의 명문장이 직원들에게 간 셈이다. 직원들뿐만 아니라 지인과 가족들에게도 공유한다. 특히 독서토론회와 역사모임 회원들에게도 매일은 아니더라도 자주 공유하는 편이다. 올해로 8년 된 CEO독서토론회와 등산회 SNS에도 이 문장들을 꾸준히 올린다.

책에서 찾은 좋은 문장들을 주변 사람들에게 공유함으로써 조금이라도 좋은 영향을 주고 싶은 마음에 귀찮을 수 있는 이 업무를 오랜 시간 이어 오고 있는 것이다. 처음에 거부감을 느끼던 이들도 간단한 한 문장을 매일 읽기 시작하면서 조금씩 변화를 이뤄 내고 있다는 얘기를 듣는다. 마치 어떤 서비스를 구독하고 있는 것 같아 좋다고 하는 이들도 있다. 효과를 보고 있는 것이다.

나 자신을 수양하는데도 이만한 게 없다. 수천 년 된 『사서삼경』과 같은 고전을 읽다 보면 나를 깨우치게 하는 명문장을 수없이 발견하게 된다. 한 번 읽고 지나치기엔 너무나도 아깝다. 좋은 문장은 한두 번 외우거나 활용해서는 결코 진정한 내 것이 될 수 없다. GE의 전 회장 잭 웰치는 "직원들에게 같은 문장을 반복적으로 천 번 이상 말할 자신이 없으면 리더 자격이 없다"고 말했다. 회사를 개혁하는 데 같은 의지를 천 번 이상 다짐하지 않고는 절대 혁신을 바랄 수 없다는 뜻인데, 혁신이든 무엇이든 적어도 천 번은 되뇌고 실천해야만 내 것이 될 수 있다. 책을 읽으며 한 번, 직원들에게 보내며 두 번, 실천하며 여러 번을 되뇌이고 비슷한 의미의 문장을 다른 책 속에서 찾으며 같은 문장을 수십, 수백 번을 보려고 하는 이유도 바로 그것이다. 일련의 과정을 거치다 보니 어느새 내가 그 철학을 실천하고 있었다.

'세상의 모든 리더(leader)는 리더(reader)가 되어라'

이 문장을 평생 품에 안고 살고 있다. 동서양을 막론하고 독서의 중요성을 강조하는 글귀는 너무나도 많다. 독서는 내면을 튼튼히 하는 데 꼭 필요하다. 매일 30분 정도의 독서로 세계 어딘가로 떠나 잠시 동안의 휴식을 취할 수도 있고, 동서양의 고수들에게서 교훈과 가르침을 얻을 수도 있으며, 나를 돌아보며 마음의 위안을 얻는 시간을 가질 수도 있다. 나 역시 책에서 많은 도움을 받는다. 쉬고 싶을 때도, 동기 부여가 필요할 때도 언제나 내가 향하는 곳은 책이다.

'독서는 앉아서 하는 여행이고, 여행은 서서 읽는 독서다'

책 한 권 읽지 않던 내게 책을 읽게 하고 여행까지 떠나게 한 문구들이다. 여행할 여유가 없었던 시절, 감히 빚을 내서라도 도전하게 만들었던, 그리고 더 나은 나로 이끌었던 문장이었기에 더욱 애착이 간다. 만약 내 인생의 지난 30년을 되돌아봤을 때 독서와 여행이 없었다면 참으로 밋밋했을 것이다. 되돌아볼 추억도 없고, 찾아볼 앨범도 없을 것이다. 그렇게 살았더라면 지금보다 훨씬 덜 행복한 삶이지 않았을까.

이따금 오래된 친구들을 만나면 여전히 중학교 시절의 만담이 반복된다. 새로운 사건이나 여행이 없으니 매번 과거에 머물러 있는 것이다. 우리는 그런 사람들을 '꼰대'라고 한다. 낡은 프레임을 여전히 갖고 사는 이들은 무엇이 옳고 그른지, 무엇이 낡은 것인지 판단하지 못한다. 그런 프레임을 깨는 데는 책이나 여행 그리고 다른 사람들과의 대화가 필수적이다.

　지금껏 읽은 책 속에서 발견한 명문장들을 하나하나 나열하라면 책 한 권을 써도 모자랄 것이다. 배울 것은 여전히 많고 아직 부족하다. 그렇지만 욕심은 부리지 않으려 한다. 새로운 문장을 닥치는 대로 찾아낼 게 아니라 이제껏 찾아낸 문장들이 주는 가르침을 진정한 내 것으로 만들고 실천하는 것이 더욱 중요하기 때문이다. 그와 동시에 아직 그 가르침을 찾지 못한 이들에게 배움을 나누고 함께 발전을 도모하는 것도 내가 가야 할 하나의 방향이다. 오늘도 나는 피곤한 하루를 시작할 이들을 상쾌하게 깨워줄 문장 하나를 적어내려 간다.

> "낙관주의자는 위기 속에서 기회를 보고,
> 비관주의자는 기회 속에서 위기를 본다"

–김관영, 김준수, 『비상경제 파격경제』 중

영국의 윈스턴 처칠이 한 이야기다. 처칠의 이 말 덕분에 인생 혹은 회사 운영에 있어 만난 수많은 위기들을 지혜롭게 헤쳐 나갈 수 있었다. 어쩌면 이것이 벼랑으로 추락할 수 있다는 위기임을 느끼면서도 한편으로 '위기는 기회'라는 작은 희망을 걸고 계속 그런 기회를 찾았다. 결과적으로는 그런 위기를 잘 넘겨 이 자리까지 왔지만 내게 용기를 북돋아 준 이러한 문구들이 없었다면 그냥 포기해 버리지 않았을까 하는 생각도 든다. 평소 이런 문구를 끝없이 되뇌고 실천하며 이어진 훈련들이 진짜 위기가 닥쳐왔을 때 나를 구해 주었다. 이렇게 책 속 명문장들은 언제나 나를 바로세우고 가르치며 용기를 가질 수 있도록 도와주는 가장 친절한 선생님이자 인도자이다.

"삼류 리더는 자기의 능력을 사용하고,
이류 리더는 남의 힘을 사용하며,
일류 리더는 남의 지혜를 사용한다"

–신준모, 『어떤 하루』 중

되뇌일 때마다 감탄하게 되는 문장 중 하나이다. 독서를 통해 값싸게 지혜를 얻는 것도 좋은데, 지인들과 모여서 독서토론을 하거나 회사에서 브레인 스토밍 회의를 하다 보면 이 글의 의미가 다가온다. 혼자서는 내 상식의 프레임에 갇혀 한계가 있으나 집단지성을 활용하면 생각지도 못한 아이디어들이 쏟아져 나온다. 심지어는 초등학생을 데리고 토론을 해도 얻을 게 있다. 나 혼자만의 독단적인 결정을 내리지 않으려 하는 습관도 이 문장에서 시작됐다.

"선을 쌓은 집에는
반드시 남는 경사<sup>慶事</sup>가 있고,
불선<sup>不善</sup>을 쌓는 집에는
반드시 남는 재앙이 있다"

−이동규, 『생각의 차이가 일류를 만든다』 중

여러 책에서 '적선(積善)'의 중요성을 강조했지만 이 문장은 아예 토씨 하나 틀리지 않게 외워 쓰고 있다. 미래를 위한 저축도 물론 중요하지만, 미련하게 아끼기만 하는 것보다 '건강'과 '선(善)'에 투자하는 것이 필수다. 선을 쌓으면 돈도 자연히 따라온다. 작은 선으로라도 꾸준히 쌓는 것이 좋다. 그런 공덕(功德)은 쌓이고 쌓여 후손에게까지 내려간다.

제 2 부

# 삶의 현장에서 배우다

09

# 먼저 이겨놓고 싸우다

선승구전(先勝求戰, 먼저 이겨놓고 싸우다)!

이순신의 『난중일기』를 읽으며 머릿속에서 잊혀지지 않는 문구다. 23전 23승. 전 세계에 이런 백전백승의 승률을 가진 사례가 또 있을까? 호기심이 생기려던 찰나 문득 지인으로부터 한산도 탐방을 가자는 제안이 들어왔다. 언제나 실천은 나의 몫. 빠르게 역사탐방 전문가를 섭외해 참여를 원하는 독서토론회 회원들을 모집했다. 이순신은 절체절명의 기로에서 어떻게 싸우기도 전에 이길 수 있었던 것일까? 백의종군을 하면서도 어떻게 헤아릴 수 없는 많은 난제들을 해결했을까? 지금 우리가 처한 경영 환경도 당시의 전쟁과 별반 다르지 않은 것 같다. 일본의 기술력, 중국의 값싼 인력과 물량이 우리의 목을 죄고 있는데 이순신의 정신을 현장에서 직접 체험하여 내것으로 만들 수 있다면 이 또한 훌륭한 전략이 될 것이라는 확신이 들었다.

지원자는 30명이었다. 진해 해군사관학교 방문을 시작으로 그곳에서 한산도대첩에 대한 전문교수의 강의를 들은 후 한산도 제승당 현장을 걸었다. 제승당은 이순신 장군의 사령부가 있던 곳인데 이곳에서 작전 계획을 협의하기도 하고 휘하 참모들과 술도 한잔 했다. 이순신의 리더십은 '현장주의 리더십'이다. 임진왜란이 일어나기 전까지 매달 열흘 이상 현장 점검을 했고, 세 척의 거북선은 임진왜란 발발 하루 전인 1592년 4월 12일 함포 사격을 마무리했다. 군사 소집, 성벽 축조, 전투선 점검, 거북선 건조 등의 일정이 빽빽이 기록되어 있는 자료에선 철저한 준비성을 엿볼 수 있다.

『난중일기』에서는 이순신의 삶의 태도가 확연히 드러난다. 그는 소통 및 '의(議)'와 '논(論)'을 중시했다. 논리를 세워 상대방과의 입장 차이를 확인하고, 각자의 의견을 주장하는 토론을 했다. 이순신은 술자리, 활터, 배 위 그리고 우리가 방문했던 제승당 등에서 때와 장소에 상관없이 부하 장수들과 모든 일을 의논했다. 후에 이순신을 쫓아내고 그 자리에 앉은 원균이 술만 마신 것과는 사뭇 대비되는 모습이다.

제승당을 나오니 한산도 앞바다가 한눈에 보였다. 5백여 년 전 이곳에서 한산도대첩을 준비했을 이순신 장군의 결의가 생생히 느껴졌다. 당시 일본은 포르투갈의 기술을 인수하여 30만 정 이상의 조총을 보유하고 있었다. 도요토미 히데요시는 조선을 거쳐 명나라를 침략하려는 야욕이 있었고, 조선 역시 그 사실을 알고 있었다. 통신사로 일본에 다녀온 황윤길의 경고에 따라 조선 조정은 경상도 지역에 성을 새로 축조하거나 정비했다. 이때 이순신과 이억기가 각각 전라좌도와 전라우도의 수군절도사로 임명되었고, 경상좌도 수군절도사에는 배신의 아이콘으로 유명한 원균이 임명되어 각자 전쟁 준비를 했다. 이순신은 무기, 화약, 군량 등을 완벽에 가깝게 준비했다.

일본군은 백 년 넘는 내전으로 다져진 군대였지만, 조선군은 2백 년 가까운 평화로운 체제 아래 나약해져 있었다. 왜적이 쳐들어왔다는 소문에 경상우수영 수사 원균은 급히 남해현으로 달아났고, 단일 규모로는 최강이었던 판옥전선 80여 척은 순식간에 침몰했다. 이순신 장군의 전라좌수영 24척의 약 4배에 달하는 규모였다고 하니 안타깝기 그지없다. 하루아침에 부산진과 동래성이 함락되고, 충주로 올라오는 왜군을 탄금대에서 대면했으나, 창과 활로 무장한 아군은 강력한 포르투갈 조총으로 무장한 왜군에게 일방적으로 대패했다.

후에 탄금대 역사기행을 통해 확인한 바로 당시 탄금대를 수비했던 신립 장군은 김여물 장군이 제안하는 조령협곡 작전을 거절하고 넓은 들판에서 기마병을 활용하여 활을 쏘는 작전을 주장했다고 한다. 이는 여진족과의 싸움에서 길들여진 전법이었다. 조령협곡에 아군을 매복시켜 기습공격을 하면 적이 함부로 접근하기 힘들고 조총을 사용해도 맞추기가 힘든데 왜 그 좋은 조건을 무시하고 탄금대에서 정면승부를 벌였을까? 신립의 잘못된 판단으로 조선의 국토는 갈기갈기 찢기고 말았다. 이전에 여진족과의 전투에서 혁혁한 공을 세운 신립이 과거에 안주하며 현장에 대한 이해와 새로운 패러다임에 대한 대응이 부족했다는 생각을 지울

수가 없었다.

　다양한 리더들을 만나 대화하다 보면 흔히들 이처럼 과거의 사업 실적에 파묻혀 있음을 쉽게 읽을 수 있다. 아무리 과거에 수없이 많은 실적을 세웠더라도 상황에 대한 이해와 점검이 필요하고, 새로운 양상에 따라 전략이 바뀌지 않는다면 모두 무용지물이 됨을 다양한 역사탐방을 통해 배우고 있다.

　반면 탄금대 대패 이후 이순신 장군은 한산도에서 대승을 거두었다. 한산도는 거제도와 고성 사이에 있어 사방으로 에워싸면 나갈 길도 없고 굶어죽기 좋은 곳이다. 이순신은 우선 판옥선 5~6척으로 왜군의 선봉을 기습했다. 그리고 적선이 일시에 쫓아 나오자 작전대로 거짓 후퇴를 하여 한산도 앞바다로 유인했다. 이에 호각을 불어 학익진 전법(鶴翼陣, 학이 날개를 펼치는 모양으로 적을 에워싸는 전법)을 펼친 후 조총의 사정거리보다 우세한 지자총통, 현자총통 화포를 동원해 한꺼번에 적선을 공격했다. 그때 격파하고 불사른 배만 66척에 달한다고 한다. 한산도대첩은 진주성대첩, 행주대첩과 함께 임진왜란의 3대 대첩으로 꼽히며 당시 조선 수군이 다시 남해안 일대의 제해권을 확보함으로써 임진왜란의 전세를 유리하게 전환할 수 있었던 전투였다.

역사가 헐버트(Hulbert,H.G.)는 "이 해전은 조선의 살라미스 (Salamis) 해전이라고 할 수 있다. 이 해전이야말로 도요토미의 조선 침략에 사형선고를 내린 것이다."라고 평가했다. 만약 이순신 장군처럼 현장을 내 손바닥처럼 이해하고 대응했더라면 이후의 청일전쟁, 일제강점, 6.25전쟁 등은 우리에게 일어나지 않았을 수도 있다. 우연은 우연을 물고 일어난다. 반드시 이 역사를 가슴에 새겨 현대에서도 같은 우를 범하지 말아야 한다.

한산도 역사기행을 모두 마치고 뒤풀이와『난중일기』,『진심진력』에 대한 독서토론을 할 차례였는데 낯선 지역에서 깔끔하고 조용한 강의실을 구하기 힘들었다. 하지만 나는 지금 막 이순신의 현장주의 리더십을 배우지 않았는가. 장군이 전쟁을 준비하던 마음가짐으로 통영 바닷가의 식당, 카페 등 30명이 들어갈 만한 장소를 발로 뛰며 찾아다녔다. 그러다 한 회원의 아이디어로 지하 노래방의 방을 대관해 토론회를 진행할 수 있었다. 어둡고 자리가 좁아 움직이기도 힘들었지만 각자 소감을 이어 갔다. 현장 방문과 독서토론을 통해 다양한 의견을 발표하는 회원들의 얼굴은 한산도에서 얻은 자신감으로 가득했다.

『난중일기』에는 자세히 잘 살펴본다는 뜻의 '관(觀)'이 자주 등장한다. 비가 내리는 장면도 소낙비 또는 가랑비 등으로 구분하여 표현하고, "견내량에서 미역 53동을 캐어 왔다", "오늘은 무씨 2되5홉을 심었다" 등 일상을 구체적으로 기록했다. 요즘 말로 하면 '디테일 경영'과 소통과 혁신의 리더십이 곳곳에서 보였다.

이순신은 '노블레스 오블리주(noblesse oblige)'를 실천했다. 나는 충무공 이순신을 롤 모델로 정하고 그의 리더십을 실천하기 시작했다. 특히 선승구전 정신은 사업의 가치관으로 활용하고 있다.

"살고자 하면 죽을 것이요, 죽고자 하면 살 것이다."

## 10

# 리더가 행해야 할 지침서

"학문은 인간에게 이로움을 주어야 한다."

2012년 유네스코 '세계기념인물'에 한국인 최초로 선정된 다산 정약용 선생의 말씀이다. 그해 같이 선정된 인물은 프랑스의 계몽주의 철학자 장 자크 루소와 『데미안』의 저자 헤르만 헤세였으니 같은 한국인으로서 자랑스러운 마음이 마구 샘솟는다.

다산은 이순신만큼이나 내게 가르침을 많이 준 실학자이자 개혁가이기에 역사기행과 독서토론을 통해 그에 대해 배우고 배운 것들을 실천하는 데 앞장섰다. 제일 먼저 진행한 것은 독서토론 회원들과 남양주 조안면의 다산 출생지를 찾아 방문한 후 『목민심서』에 대해 토론하는 일정이었다. 조안(鳥安)면은 그 이름에서도 알 수 있듯 새, 즉 동물들이 편안하게 지낸다는 의미를 가진 곳이다. 남한강과 북한강이 만나는 두물머리와 운길산 흙의 기운이 어우러져 다산 정약용과 같은 인재가 나기에 모자람이 없는 곳이라는 생각이 들었다.

다산은 4세에 천자문을 뗄 정도로 영특했다고 한다. 아버지를 따라 한양으로 온 후 22세에 과거에 급제했다. 자신보다 열 살 많은 정조대왕과 실학자로서 또 과학자로서 함께 했다. 정조의 아버지 사도세자의 복원을 위해 화성으로 묘를 이장하고, 수원화성(水原華城)을 건설하는 데 사용할 거중기 등 혁신적인 기구를 만들어낸 장본인이다. 당시 새로운 성(城)을 건설하는 데에는 약 10년의 세월이 소요됐다는데 화성은 다산의 혁신적인 아이디어로 2년 6개월만에 건설됐다. 중국의 『기기도설』이라는 책을 참고하여 개발한 거중기(擧重器)는 서양의 기중기의 4배 이상의 역할을 해냈고, 저울의 원리를 이용한 유형거(遊衡車)는 무거운 돌과 목재 등 건설 자재를 나르는 데 큰 도움을 주었다. 또한 정조의 화성행궁 행차를 위해 한강에 80여 척의 배를 연결해 배다리를 만든 것도 다산 정약용이었다.

다산이 자주 찾았다는 천년고찰 운길산 수종사는 나도 평소에 마음 정리가 필요할 때 배낭을 챙겨 훌쩍 떠나는 곳이다. 서울에서 그리 멀지 않아 전철을 타고 갈 수 있다. 벼랑에서 물 떨어지는 소리가 꼭 종소리와 같다 해서 '수종사(水鍾寺)'라는 이름이 붙여진 이 절은 이름도 아름답다. 수종사에서 두물머리를 내려다보며 은은하게 퍼지는 차 향기를 맡으면 복잡했던 머리도 금방 가벼워지곤 한다. 양지바른 명당에 자리잡아 북한강과 남한강의 기(氣)를 받아들이는 듯한 장소이기에 기운을 받기 위해 모임의 회원들과 함께 자주 방문한다.

다산의 유배생활 기록을 보면 그가 수종사를 많이 그리워했음을 알 수 있다. 눈 내린 절의 풍경을 그리워하며 수종사에서 받아온 물로 차를 달여 마셨다는 기록들에서 다산이 얼마나 그곳을 생각했는지가 생생하게 느껴진다. 그 당시 다산의 기분을 느껴보고자 추운 어느 겨울날 전철을 타고 홀로 운길산을 올랐던 적이 있다. 얼마나 추위가 매서운지 1호선 전철 안에서도 발이 시렸다. 그날의 수종사는 온통 눈으로 뒤덮여 있었다. 배낭에 챙겨온 뜨거운 물에 코코아를 한 잔 타서 마시고, 백설기를 한 입 베어 물며 저 멀리 아스라이 보이는 다산의 고향 조안면을 바라보았다. 18년 동안이나 유배생활을 했던 다산의 고난을 조금이나마 느껴볼 수 있었다.

독서토론회 회원들과 함께 한 다산 정약용 역사기행에서는 실학박물관과 다산의 묘를 찾아 예를 올린 뒤 다산생태공원을 걸었다. 팔당호를 끼고 있는 공원은 16만 7천㎡ 규모로 북한강과 남한강이 만나는 강변을 따라 조성되어 있다. 생태공원은 남양주 8경 중 하나로 손꼽혀 가족들과 걷기에도 좋은 곳이다. 아직 철이 일러 연꽃단지에 연꽃은 없었지만 장미와 같은 여름꽃들이 풍성하게 피어 우리를 반겨 주고 있었다. 회원들과 땀흘리며 걷고 난 뒤 가까운 식당으로 옮겨 식사를 가볍게 하고『목민심서』에 대해 토론하는 시간을 가졌다.

정약용은 유배생활 대부분의 시간을 경전 연구에 썼다. 삼가고 또 삼가하여 형을 집행한다는 의미의『흠흠신서(欽欽新書)』, 새로운 국가개혁을 주장하는『경세유표(經世遺表)』등 토론할 책은 많았지만 우리는 목민관, 즉 리더가 행해야 할 지침을 정리한『목민심서(牧民心書)』를 선정했다. 조선시대에는 중앙정부의 행정력이 지방까지 닿지 않아 각 지방의 수령이 사법권까지 갖게 되면서 부정부패가 벌어지기 쉬웠다. 『목민심서』는 이를 방지하기 위해 수령이 해야 할 직무 및 지켜야 할 검소한 생활습관 등을 열거한 책이다. 예나 지금이나 리더가 가져야 할 자세는 크게 다르지 않는 듯했다.

박지원, 홍대용, 정약용과 같은 북학파들은 명나라 시절의 성리학을 답습할 게 아니라 청나라의 실학을 들여와야 한다고 주장했다. 백성들의 실질적인 고충을 해결해 잘살게 하자는 애민사상이 바탕이 된 주장이었다. 당시는 정치인들이 파를 잘못 택하거나 정책을 잘못 실시하면 목숨까지 위험할 수 있던 시대였다. 하지만 다산은 본인보다 백성의 안위를 생각하는 정책을 계속 제시했다.

과거의 프레임에 갇혀 변화에 안일하게 대응하면 미래는 도태될 수밖에 없다. 회사를 경영하고 있는 나에게 그것은 회사가 위태로워짐을 의미한다. 고전을 통해 과거를 배우고 미래를 예견하는 유연한 창의성을 갖추자는 게 내가 운영하는 독서토론회와 역사아카데미의 취지다.

정조는 1800년 6월 41세의 나이로 사망했다. 일부 학계에서는 독살설을 주장하지만 현재로서는 알 수 없다. 지나친 흡연에 많은 업무를 소화해 내다 보니 스트레스가 많았던 것은 확실하다. 다산은 정조와 개혁을 함께 했지만, 정조가 갑자기 사망하자 1년 뒤 노론의 모략에 의해 유배를 가게 된다. 여전히 성리학적 세계관에 빠져 있던 노론과 달리 실사구시를 바탕으로 토지제도의 분배 등과 같은 개혁 방안을 주장한 다산은 기존 보수세력들에게 눈엣가시 같았을 것이다. 다산 정약용은 순조를 섭정하던 정순대비의 지시에 따라 형 정약전과 함께 유배길에 오른다. 형은 흑산도로, 동생 정약용은 강진으로 향했다. 역사는 이것을 '신유박해'라고 기록한다.

마음껏 아이디어를 펼치던 다산은 개혁의 동반자이자 든든한 임금이었던 정조를 잃고 오랜 유배길에 올랐지만 항상 긍정적이었다. 그는 유배를 가면서 '겨를이 생겼다'며 기뻐했다. 여유가 생겼다는 말이다. 냉소 섞인 농담처럼 들리지만 그동안 정치활동으로 눈코 뜰 새 없이 바빴던 그의 삶에 여유가 생긴 것은 분명하다.

강진 유배지에 도착해보니 '유배'라는 단어가 주는 이미지와는 달리 멋진 곳이었다. 다산초당은 산중턱에 위치해 볕이 잘 들고, 강진 바다가 내려다 보였다. 이곳에서 다산은 503권의 책을 저술했다. 1년에 28권을 저술한 것인데, 독서토론회를 운영하며 많은 책을 읽은 나로서는 도저히 믿기지 않는 양이었다. 연간 28권을 읽기도 힘든데 그걸 써냈다니 놀랍기만 했다. 또한 후배 양성에 힘썼던 다산은 18명의 후배들과 함께 책을 썼다. 너무도 오래 앉아 있어서 복사뼈에 구멍이 세 번이나 났다고 할 정도로 그의 집념은 대단했다.

주차장에서 다산초당까지 향하는 길은 그리 멀지 않았다. 한여름이라 땀을 흘리는 회원들도 있었지만 내친 김에 다산이 즐겨 걸었다는 백련사까지 걸어 보았다. 이 길은 강진군이 지정한 '한국의 아름다운 길' 중 다산 유배길 1코스다. 아름다운 길을 걸으며 다산 정약용이 살아간 인생에 대해 사색할 수 있었다.

정도전이 학문으로만 공부하던 것을 나주 유배생활 중 민초들의 삶을 직접 겪으며 발전시켜 새로운 조선이란 그림을 그렸듯이, 정약용 역시 유배지 귀양을 거치며 500권에 달하는 책을 저술했다. 위기는 기회를 만들고, 고통은 인간을 한 단계 성장시켜 준다.

다산은 언제 사약이 내려올지 모르는 상황에서도 다산(茶山)이라는 이름에 걸맞게 차를 즐겼다. 유배지에서 돌아갈 날만 기다리며 원망에 가득 찬 세월을 보낸 것이 아니라, 자신을 돌아보고 여유를 즐겨 더욱 더 성장하는 기회로 삼은 것이다. 사람에게는 언제나 시련이 올 수 있다. 다산 정약용의 발자취를 직접 따라가 보면서 나 또한 시련이 왔을 때 잠시 차 한 잔 하며 그와 같은 마음을 가질 수 있기를 소원했다.

# 11

# 칭기즈 칸의 리더십을 배운 몽골

BBC 선정 '역사상 가장 위대한 장군 1위'를 차지한 몽골 제국의 수부타이는 칭기즈 칸이 세계를 제패하는 데 가장 큰 공을 세운 장수이자 최고의 전력가이다. 수부타이는 이란, 이라크, 러시아, 유럽을 누빈 장수라 한국에는 잘 알려져 있지 않다. 평범한 대장장이로 일하던 수부타이를 최고의 장수로 길러낸 칭기즈 칸은 나폴레옹과 히틀러, 그리고 알렉산더가 점령했던 곳을 모두 합친 것보다 훨씬 넓은 땅을 점령했다.

처음엔 칭기즈 칸의 기동력과 전술 전략에 대한 호기심을 가진 정도였다. 그러던 중 『칭기즈 칸』을 출간한 신광철 작가를 소개받아 강의 겸 독서토론 기회를 가질 수 있었다.

　많은 역사서와 자기계발서에서 리더십에 관한 다양한 스킬을 얻어 실천하고 있지만 칭기즈 칸 리더십은 남다른 시사점이 있었다. 『칭기즈 칸』을 읽어 보니 회사와 내 삶에 즉시 적용할 부분이 많았다. 그는 "불만을 가질 시간이 있다면 그 시간에 불만을 제거하라"고 말했다. 칭기즈 칸은 문자를 몰랐고, 어릴 땐 동생과 씨름하면 질 정도로 힘도 약했다. 역사 기록에는 그는 활을 잘 쏘지 못했고 심지어는 어눌하기까지 했다고 적혀 있다. 그렇다면 소위 '최고의 리더십'은 어떤 면에서 찾을 수 있단 말인가? 그가 세계를 정복한 노하우는 어디에 있다는 것인가?

　신 작가와 몇 시간 동안 토론을 하면서 내린 결론은 바로 '경청'이었다. 경청은 두 가지 힘이 있다고 한다. 첫째, 내가 가지고 있지 않은 정보를 상대한테 들어서 내 것으로 만들 수 있다. 둘째, 남의 마음을 가져올 수 있다. 상대방과 눈을 마주하고 상대방의 말을 귀를 쫑긋 세워 들으면 상대방은 나에게 마음의 문을 열 수밖에 없다. 이것이 칭기즈 칸 리더십의 핵심이었다. 이때부터 나는 고객을 만나든 직원과 대화하든 가능한 한 입을 닫고 귀를 크게 열기 시작했다.

그렇게 독서토론을 진행하고 얼마 지나지 않아 칭기즈 칸이 누비던 초원을 직접 봐야겠다는 생각이 들어 무작정 단체 몽골여행을 계획하고 몽골로 떠났다.

'파란 하늘의 나라'로 알려진 몽골여행은 수도 울란바토르에서 시작되었다. 그해 한국은 유난히 더워서 고생하고 있었던 터라 북쪽인 몽골은 훨씬 시원했다. 몽골은 국토의 80%가 목초지로 이뤄져 있어 몽골 사람들은 대부분 가축을 방목해서 기르고 주로 육식을 한다. 세계에서 인구밀도가 가장 낮은 나라지만 1,200년경 시련과 역경을 이겨내고 인류 최고의 정복자가 된 테무진이 탄생한 곳이기도 하다.

울란바토르 시내 작은 슈퍼에서 간단히 식료품을 산 뒤 가장 먼저 테렐지 초원의 칭기즈 칸 기마상을 방문했다. 시내는 도로가 잘 정비되어 있지 않아 상습적인 교통체증이 있었고, 낡은 도로 위 버스는 사람들로 가득 차 있었다. 울란바토르를 벗어나자 이내 끝없이 펼쳐진 초원에는 말들과 양떼뿐이었다. 창문 밖으로 이따금 몽골의 전통가옥 게르(Ger)가 눈에 띄어 일행은 카메라에 이국적인 풍경을 담기 바빴다. 유난히 파란 하늘과 몇 점의 양떼 구름이 초원을 더욱 아름답게 꾸며주는 듯했다. 그렇게 1시간쯤 달리자 저 멀리 칭기즈 칸 기마상이 보이기 시작했다.

칭기즈 칸은 13세기 여러 유목민 부족을 하나로 통일하고 러시아와 중국을 포함한 유럽과 아시아를 점령해 제국을 건설한 몽골 역사상 최고의 영웅이다. 칭기즈 칸의 동상을 짓기 위해 250톤의 철이 사용되었고, 그 높이는 약 50m에 달한다. 매우 유명한 몽골 관광지 중 하나라 사진을 꼭 남겨야겠다 싶어 카메라를 들었다. 하지만 크기가 너무 큰 탓에 동상 전체가 담기지 않아 말꼬리 부분으로 올라갔다. 말 뱃속을 지나 계단을 올라가면 말머리 부분에 전망대가 나온다.

몽골에서는 말을 탄 장수의 동상을 만드는 데에도 불문율이 있다고 한다. 장수가 전투 중 부상으로 사망하면 말이 다리를 든 모습으로 만든다. 그렇지 않고 노환으로 사망하게 되면 말의 네 발이 모두 지면에 닿게 한다. 칭기즈 칸은 숱한 전투에서 살아남은 뒤 67세 노환으로 사망했기 때문에 말의 네 발이 전부 땅에 닿아 있었다.

일반인들에게 '세계적인 정복자로 누구를 꼽는가?'라고 물으면 대부분 '나폴레옹'이라 답한다. 이것은 서구 기준으로 편향된 우리의 사고방식 때문이다. 현대의 역사 교육은 서양 중심으로 이뤄져 동양의 역사는 폄하되거나 무시되는 경우가 많다. 하지만 진정한 세계 정복자는 칭기즈 칸이다. 몽골은 지금으로부터 2천 년 전에 이미 제사를 지내는 천제 문화를 갖고 있었다. 문명이 발달되었다는 증거다. 우리 상고사에도 천제의 기록이 있었듯 몽골제국에도 분명한 기록이 남아 있다.

푸른 초원과 거대한 칭기즈 칸 동상 관람으로 하루의 스케줄을 마치고 게르에 들어갔다. 내부에는 벌레 몇 마리가 날아 들어와 자리를 잡고 있었고, 가운데에는 난로인 페치카가 놓여 있어 포근했다. 페치카에 넣는 연료로는 나무뿐만 아니라 가축의 배설물도 사용한다. 저녁식사는 몽골 전통 양고기 요리 '허르헉'이 나왔다. 고기의 느끼함을 잡아주기 위해 곡물을 증류시켜 만든 술이자 일명 '칭기즈 칸 보드카'로도 잘 알려진 '차강 아르히'를 주문했다. 추가로 염소젖을 발효시켜 만든 투명한 술까지 주문해 오랜 이동에 쌓인 피곤함을 달래니 쉽게 취기가 올랐다. 초원에는 좀처럼 비가 오지 않는다고 했는데, 갑자기 게르 천막 위로 비가 세차게 쏟아졌다. 비와 함께 몰려든 추위에 은하수를 보려던 계획을 포기하고 잠에 빠져들었다.

둘째 날은 자연경관이 아름다운 테렐지 초원에서 말을 타고 톨 강에서 래프팅을 했다. 목장주에게 간단한 승마 교육을 받은 뒤 말 등에 올라탔다. 승마는 처음이라 말이 움직이는 리듬에 내 몸을 맞추느라 애를 먹었다. 하지만 어느 틈에 익숙해져 초원과 산 능선을 마음껏 감상하고 있자니 어느새 톨 강에 도착했다. 톨 강에서의 래프팅은 국내에서 몇 차례 즐겨본 래프팅과는 차원이 다른 짜릿한 경험이었다. 튜브를 타고 지나가면서 보이는 숲의 전경과 기암괴석, 그리고 푸른 하늘은 몽골에 있음을 실감나게 해 주었다. 그렇게 승마와 래프팅을 열심히 즐겼더니 허기가 졌다. 그날 저녁은 야외에서 양고기 바비큐를 즐겼다. 게르 옆에서 밤하늘을 보며 찬공기를 마시고 있는 것이 너무나도 행복했다. 잠시 칭기즈칸에 대한 생각은 미뤄두고 숯불의 온기와 보드카를 즐겼다.

셋째 날에는 넓은 초원으로 나가 자유롭게 말을 탔다. 다들 말 타기에 어느덧 익숙해져 제법 몽골 유목민 같은 자세가 나오는 듯했다. 강물도 건너고 초원도 몇 차례 지나면서 이제는 몽골군이 적군을 제압하듯 빠른 속도로 달리기 시작했다. 동료 한 명이 "달려 달려!" 하며 기세를 돋우자 다들 신이 나 정신없이 달리다가 결국 사고가 발생했다. 달리던 말끼리 부딪히면서 한 명이 떨어져 기절했고, 또 한 명은 낙하하면서 팔을 크게 다쳤다. 기절한 사람은 이내 깨어났지만 팔을 다친 사람은 병원을 가야 하는 정도였기 때문에 지역 병원을 방문했는데 시설은 열악했다. 동료는 우리나라의 빨간 약과 비슷한 소독약 '아까재키'를 처방받았다. 당연히 부족한 치료였다. 한국에 돌아와 대학병원에서 철심까지 박은 큰 상처였기에 지금 생각해도 아찔하고 헛웃음만 나온다. 하지만 돌아보니 이마저도 추억이 되었다.

드넓은 몽골초원을 달리던 칭기즈 칸의 마음을 이해하기에 3박 4일의 여행은 너무나도 짧았지만 그래도 몽골 유목민의 삶을 어느 정도 체험할 수 있던 여행이었다. 흔히 몽골인들은 두 가지 민족성, 즉 늑대의 거친 특성과 목적을 위해서는 야비할 정도로 간교함을 발휘하는 여우의 특성을 동시에 가지고 있다고 한다. 이 광활한 자연에서는 우수한 종이 아닌 변화에 빠르게 적응하는 종이 살아남는 것이다.

몽골제국은 칭기즈 칸을 만나기 전에는 약탈이 당연시되던 곳이었다. 하지만 칭기즈 칸의 등장과 동시에 약탈은 법으로 금지되었다. 몽골을 불모지라고 무시하고 몽골인을 야만적인 정복자처럼 바라보는 경우도 있지만 실제로는 달랐다. 단일화폐를 사용하고, 역참제도를 이용해 정보를 신속하게 전달하고, 점령당한 국가의 종교도 허용하는 문명화된 제국이었다. 또한 전쟁에 직접 참여하지 않은 후방 사람들과 여성, 노인들에게도 평등하게 보급품을 나눠 주고 점령국의 기술자에게서 모든 기술을 받아들여 끝없이 발전을 이루었다. 러시아를 점령했을 때는 왕과 귀족들을 모두 죽인 뒤 몽골인 소수만을 두어 관리했는데, 몽골제국의 발달된 법과 제도를 이용해 약 4만 명의 몽골인으로 2천만 명이 넘는 러시아인들을 관리했다.

칭기즈 칸의 훌륭한 리더십은 몇 가지 사례에서 더 발견할 수 있다. 한 예로 '예순데이'라는 훌륭한 장수가 있었다. 그는 아무리 싸워도 지치지 않았다. 하지만 모든 병사가 자신과 같을 것이라 생각하여 지친 기색을 조금도 용납하지 않았다는 것이 문제였다.

칭기즈 칸은 그런 사람은 훌륭한 병사는 될 수 있으나 훌륭한 리더는 될 수 없다고 판단했다. 리더는 병사들과 함께 허기를 나누고 피곤함을 느낄 줄 아는 사람이어야 하는데 병사들의 상황을 배려할 수 없는 사람이 어찌 리더가 될 수 있겠냐는 것이다. 칭기즈 칸은 본인보다 못한 사람의 말을 경청하고 배려하고 용기를 주는 사람만이 리더가 될 수 있다고 생각했다. 왕이 된 후에도 칭호보다는 이름으로 불리길 원했고, 자기가 한번 믿은 사람은 죽인 적이 없을 정도로 사람의 소중함을 알았다.

칭기즈 칸이 유일하게 남긴 편지 한 통이 있다. 그는 글을 쓸 줄 몰랐기 때문에 그 편지는 대필한 것이다. 그 편지에는 본인은 특별한 자질이 없고 단지 똑같이 나누고 절제하고 있는 사람일 뿐이라고 적혀 있다.

"너 자신의 말과 다른 사람의 말을 듣고 난 뒤 제3자인 대인을 찾아가서는 내 얘기를 하지 말고 절대적으로 들어보아라."

그는 무엇을 하든 대인에게 먼저 찾아가 묻고 답을 얻었다고 한다. 거대 제국의 칸이지만 필요할 땐 자신을 낮춰 조언을 구할 줄 아는 겸손함과 배움을 추구했다. 이것이 칭기즈 칸의 '경청'이다.

거기다 그는 어떤 결정을 하기 전 산으로 가서 일주일 동안 기도를 하고 난 뒤, 바로 실행에 옮겼다.

"성을 쌓고 산 자는 반드시 망할 것이다. 정착하는 순간 세상은 정체할 것이다. 끊임없이 이동하는 사람만이 살아남을 것이다."

칭기즈 칸의 말을 따라 몽골제국은 유물을 남기지 않았다. 게르만이 있을 뿐이다. 정복하기보다 자신의 한계를 깨부수기 위한 끊임없는 노력이 칭기즈 칸을 세계적인 정복자이자 리더로 만들었다. 그의 리더십을 책으로만 배우는 것에서 더 나아가 그가 누렸던 드넓은 초원을 직접 달려본 경험은 칭기즈 칸의 리더십에 한 발자국 가까워지는 소중한 기회가 되었다.

# 12

# 가난하지만 행복한 나라, 부탄

'용의 나라' 부탄은 국민의 97%가 스스로 행복하다고 느낀다고 한다. 부탄은 UN 기준 최빈국에 속하며 인구도 75만 명에 불과하고 기차나 터널 등은 찾아보기 어려울 정도로 사회 인프라가 열악하다. 하지만 왜 부탄의 행복지수는 1위일까? 그 이유를 찾기 위해 해외 트레킹 모임 및 역사아카데미 회원들과 함께 부탄으로 떠났다.

부탄 정부는 자연을 보호하여 후대에 물려 준다는 원칙 아래 산림의 60%를 유지하도록 법적으로 규정하고 있다. 이에 관광업도 제한적으로 운영하고 있어 운행중인 국제선은 단 4곳뿐이다. 그런 부탄으로 들어가기 위해서는 네팔을 경유하거나 태국에서 인도를 통해야 한다. 회원들이 네팔의 히말라야 산맥을 보고 싶어해서 네팔을 경유하고자 했으나 비용과 시간이 2배 가까이 들어 결국 태국과 인도를 거쳐 부탄으로 들어가기로 결정했다.

태국 방콕에서 출발해 인도 캘커타를 경유하는 동안 상당한 양의 비가 내리고 있었다. 한라산 고지보다 높은 2,300m 첩첩산중에 있는 부탄 파로 공항에 가까워졌을 때에도 여전히 폭우가 쏟아졌다. 아슬아슬하게 착륙하려는 것이 불안해 보였다. 항공기는 착륙을 시도하다 결국 다시 고도를 높였다.

이런 상황이 몇 차례 반복되자 승객들의 불안감은 커져만 갔다. 이러다 여기서 삶을 마감하는 건 아닌지, 몇 해 전 폭우 때문에 많은 사망자를 냈던 아시아나 항공기 사고가 떠오르면서 안 믿던 각종 신까지 찾아 기도하기에 이르렀다. 하지만 다행히 기장은 현명하게 착륙을 포기하고 다시 인도 공항으로 회항했다. 그곳에서 몇 시간을 대기하다가 폭우가 잦아진 후 부탄에 안전하게 착륙했다. 그렇게 부탄은 시작부터 순탄한 여행길을 허용하지 않았다.

한국 소도시의 공항보다 못한 부탄 파로 공항의 활주로는 시골 도로 같았다. 공항 청사는 시골 시외버스터미널을 연상케 했다. 이런 모습을 보자 어찌 부탄의 행복지수가 세계 1위를 차지했을까 하는 의문을 떨칠 수 없었다. 가난하면 행복할 수 없다는 오만한 자본주의 논리가 머릿속에 가득 차 있기 때문은 아닐까.

우리를 마중나온 남자 가이드는 치마 차림이었다. 부탄에서는 공식행사에 남녀 모두 '키라(Kira)'라고 부르는 전통의상을 입어야 한다. 또한 자유여행을 금지하는 나라이기 때문에 무조건 정부에서 지정한 가이드와 동행해야 하며, 호텔, 식사, 가이드 팁 등을 포함한 금액인 1인당 250달러의 비용을 매일 내야 한다. 다소 비싸 보이지만 이런 정책으로 관광객의 무분별한 입국을 막는다고 한다.

가이드의 안내에 따라 부탄의 수도 '팀푸'로 향했다. 팀푸는 히말라야 산맥 2,400m에 있는 도시로, 수도라고 부르기엔 턱없이 작은 도시였다. 이곳에서 가장 놀랐던 점은 도로에 신호등이 없다는 것이었다. 행복한 도시의 조건은 언제 멈추고 언제 출발하는지를 규정하지 않는 것일까? 도로 여기저기에 서 있는 소들도 보였다. 다들 소가 지나갈 때까지 가만히 기다려 주었다. 한국에서는 있을 수 없는 일이었다. 서울의 도로 한복판에 소가 지나간다면 답답함을 느낀 누군가가 도로의 '장애물'을 치워달라고 신고를 넣었을 것이다. 느긋하게 기다릴 줄 아는 여유를 가지는 것이 행복감을 높여 주는 이유가 아닌가 하는 생각이 잠시 들었다.

산중턱으로 난 도로를 달리다 보니 저 아래 넓은 강이 보였다. 가이드 말에 의하면 부탄의 3대 수입원 중의 하나라고 한다. 강이 수입원이라는 말에 귀를 쫑긋 세워 들어보았다. 히말라야 산맥의 빙하가 녹으면서 흘러내리는 풍부한 수량이 전기에너지가 되어 인도 등 주변국에 전기를 수출한다고 한다. 자연이 주는 선물이다.

비행기에서 내려다볼 때는 숲이 우거져 보였는데 팀푸로 향하며 산을 바라보니 모두 바위와 흙산이었다. 2,000m 이상의 고지대여서 그런지 울창한 숲은 보이지 않았다. 그때 가이드가 손가락으로 강 건너 멋진 절을 가리키며 '탐촉라캉'이라는 유명한 사찰이라고 소개했다. 부탄 국민들은 75%가 불교신자다. 이 사찰에는 티베트와 부탄에 108개의 출렁다리를 만들었다는 '탕통 걀포'라는 스님 상이 모셔져 있다. 출렁다리는 지금은 대부분 위험해 사용하지 않고 3개만 남았다고 하는데, 우리도 한 곳을 골라 건너보았다. 높은 산의 출렁다리는 역시 절경을 만든다.

팀푸에 도착해 처음으로 방문한 장소는 '타쉬츠 종'이라는 건물이었다. 절반은 정부청사로, 나머지 절반은 사원으로 쓰는 곳이다. 이곳은 오후 5시까지 업무를 보기 때문에 오후 5시부터 6시까지만 입장이 가능했다. 성처럼 보이는 외곽은 오랫동안 티베트의 침략을 막기 위해 노력한 흔적이었다. 정부청사와 사원이 동시에 존재하는 이 건물의 양쪽에 왕의 집무실과 종교지도자의 집무실이 있었다. 아주 색다른 느낌이었다.

부탄은 왕이 있지만 민주제도를 도입한 국가다. 무료 의료정책과 무상교육을 전면적으로 실시하며 무주택 가구 또한 없다. 국민의 행복을 먼저 챙기는 왕은 지지율이 높다. 신기한 일이다. 겉으로 봐선 인프라 하나 없는 가난한 국가일 뿐인데 복지제도는 탄탄하고 국민들은 지도자에게 신뢰를 갖고 있다. 경제적 수준만 보고 그들의 삶까지 단정지어 버린 오만함을 반성했다.

그렇게 첫째 날은 정부청사 관광으로 마무리하고 호텔로 돌아가 식사를 했다. 부탄의 전통양식으로 지어진 호텔은 내부가 깔끔했다. 하지만 문제는 식사였다. 이번 여행의 가장 큰 문제였다고 할 정도로 입맛에 맞는 음식이 거의 없었다.

처음 이틀은 참을 만했으나 3일째가 되는 날에는 이 문제로 가이드와 충돌이 있었다. 회원들의 불만이 커져 이 여행을 추천했던 회원과도 마찰이 생겨 결국 그 회원과는 관계까지 끊게 되었다. 나중에는 시내에 외식을 나가거나 한국식당이 있다면 비용을 추가 지불하겠다고 얘기하며 데려가 달라고 사정하는 수준이었다.

음식도 여행에서 얼마나 큰 부분을 차지하는지 새삼 느꼈다. 이것을 계기로 이후 모임부터는 꼭 맛집을 챙겼다. 여행을 아무리 잘 기획해도 음식이 별로면 만족도는 절반으로 떨어진다는 것을 명심하게 되었다.

둘째 날은 부탄 여행의 하이라이트 '탁상사원'으로 트레킹을 떠났다. '호랑이 둥지'라고 불리는데 현지에서는 '탁상곰바'라고 한다. '곰바'는 사원이라는 뜻이다. 사원이 있는 자리는 약 3,100m

위치라 고산증이 생길 수도 있어 오르는 속도를 조절해야 한다. 조랑말을 타고 올라가는 외국인들의 모습도 보였다. 그만큼 힘든 코스였지만 알록달록한 깃발들이 나부끼는 출발지에서 사진을 찍으니 제법 부탄에 온 맛이 나기도 했다.

날씨는 나쁘지 않았지만 안개가 짙어 탁상사원은 제대로 보이지 않았다. 대신 간단한 간식을 먹을 수 있는 전망대의 카페에서 볼 수 있는 900m의 수직절벽과 저 멀리 아스라이 보이는 사원은 환상적인 그림 같았다. 사원에 도착해서는 앞으로도 세계를 돌아다니며 이런 신비로운 풍경들을 많이 보게 해달라고 경건하게 기도했다.

이따금 회사에서 근무하다 스트레칭을 하려고 뒤로 등을 기대면 순간적으로 덜컥 하고 의자가 지나치게 젖혀지며 가슴이 철렁할 때가 있다. 그럴 때면 부탄에 도착할 때 비행기가 폭우와 바람에 마구 흔들리던 느낌이 생생하게 떠오른다. 또 등산을 하며 안개를 마주할 땐 탁상사원이 안개 속에서 그 아름다운 모습을 드러내던 장면이 떠오르곤 한다. 여행에서의 기억은 이렇게 가끔 시공간을 초월하여 시간여행 속에 있게 한다.

인도에서 전기가 부족해 자금을 지원할 테니 거대한 댐을 만들자고 부탄 정부에 제안한 적이 있었다고 한다. 부탄 정부는 자연 파괴를 막기 위해 이를 거절했다. 부탄의 도로를 달리다 보면 터널은 물론 안전 펜스 하나 제대로 없었는데 자연을 훼손하지 않기 위해 가능하면 자연 그대로 두기 위함이라고 한다.

부탄 여행에서 불편함을 겪으며 '자연을 꼭 있는 그대로 놔둬야만 보호되는 걸까? 기술이 발전하지 못해서 인프라를 만드는 법을 모르는 건 아닐까' 하는 생각이 들었다. 하지만 이러한 잣대는 자본주의 사회와 대도시에서 사는 시민의 입장에서 보기 때문에 나오는 것이었다.

자연의 입장에서 본다면 생태계가 파괴되는 것을 원하지 않을 것이다. 그렇기 때문에 자연과 함께 살아가는 부탄 국민들은 자연을 망가뜨릴 이유가 없는 것이다. 가장 기본적인 것에 충실하며 욕심내지 않고 살아가는 것이 그들의 행복지수를 높인 이유 아닐까.

나는 부탄 국민들처럼 살지는 못할 것이다. 하지만 부탄 여행은 내 행복이 물질에만 있지 않음을 깨닫게 해주었다. 어느 정도 불편을 감수하더라도 자연과 공존하는 법을 배우며 내면이 행복한 삶을 살아야 함을 깨닫게 해 준 여행이었다.

13

# 불후의 저서 『사기』의 고향, 한청

사마천 역사기행은 CEO독서토론회에서 진행한 『사기(史記)』 독서토론이 계기가 되었다. 책이 유독 감명 깊었는지 회원들은 사마천의 고향을 가 보자고 제안했다. 그래서 4박5일 역사기행을 떠나기로 결정했다. 해외 역사기행은 이때가 처음이었는데 참여를 원하는 회원들이 많아 혼자 이끌기엔 부담스러웠다. 사마천에 대해 30년 이상 연구하고, 중국을 150차례 이상 방문한 원광대학교 김영수 교수를 초빙하기로 했다.

해외 트레킹의 경우 늘 각자 비행기 티켓을 예매하고 숙소는 에어비앤비를 이용했다. 하지만 이번에는 전적으로 김 교수에게 맡겼다. 그가 선택한 여행사를 통해 모든 수속을 밟으니 확실히 일처리가 편했다. 비용은 강의비를 포함해 거의 2배 가까이 들었지만 현장을 직접 방문해 역사 속 인물의 삶과 철학을 생생하게 느낄 수 있어 비용 이상의 가치가 있었다. 이것도 고전을 읽기 시작하면서 크게 깨달은 점인데, 에리히 프롬의 『소유냐 존재냐』를 통해 물질적 자산도 중요하지만 경험과 존재에 투자하는 것이 더 가치 있음을 깨달았다. 이후로 여행은 물론 역사 공부, 독서, 뮤지컬과 같이 정신적 자산을 늘리는 활동에는 비용 투자를 아까워하지 않는다.

목적지인 중국 섬서성(陝西省) 한성(韓城)은 시안(西安)에서 약 230km 떨어져 있어 버스로 3시간 정도 걸린다. 개인적으로 왔다면 현지 터미널에서 교통수단을 직접 찾아야 했겠지만 단체 역사기행이라 버스가 미리 준비되어 있었다. 버스로 이동하는 동안 김영수 교수의 사마천 강의가 진행되었다. 그 시대의 역사는 물론 한 사람의 인생을 단 며칠 내에 배우는 것이 마치 보물을 캐는 것만 같았다. 철학자 또는 위인들을 책에서 만나고 독서토론을 통해 더욱 깊이 배운 다음 역사기행 팀을 꾸려 현장으로 가서 책을 몸속에 서서히 스며들도록 하는 것이다. 강의는 누군가의 인생 전체에 걸쳐 알아낸 것들을 며칠, 아니 어쩌면 몇 시간 안에 배울 수 있는 장점이 있다. 물론 온전히 내 것으로 만들기에는 오랜 시간이 걸리겠지만 그들의 지혜를 이렇게 쉽게 가져올 수 있다니 그 값어치를 어찌 돈으로 매길 수 있겠는가!

사마천은 기원전 99년 흉노족 정벌에 실패한 한(漢)나라 이릉(李陵)을 옹호했다가 성기가 잘리는 궁형을 받게 된다. 이릉은 한나라 군사의 10배가 넘는 흉노족을 상대하다가 포위당해 부하들을 살리기 위해 항복했다. 어쩔 수 없는 항복이었지만 사마천의 옹호는 한무제의 심기를 건드렸고, 결국 사형을 선고받는다. 당시 사형을 면하기 위해선 50만 전을 내고 감형을 받거나 궁형(宮刑)을 당하는 것 중에 선택할 수 있었다. 궁형은 사람들의 비난을 한몸에 받는 가장 치욕적인 형벌이었다. 궁형을 당하느니 사형을 택하는 게 낫다고 할 정도지만 역사서를 완성해야 하는 사명감 때문에 사마천은 차마 죽지 못하고 궁형을 받는다. 궁형도 감염으로 대부분 죽는 위험한 형벌이었지만 어찌됐든 사마천은 궁형을 받고 살아남는다.

제나라의 손빈은 다리가 잘리는 형벌을 당하고도 『병법』을 남겼고, 주나라의 문왕은 옥중에서 『주역』을 풀이했다. 이처럼 고난을 이겨내고 위대한 저술을 남긴 위인들이 많다. 사마천도 자존심을 버리고 살아남기를 택해 역경을 이겨냈기에 『사기』라는 불후의 저서를 후손에게 남겼고, 우리가 이렇게 수만 리 길을 찾아오게 만들었다.

인생에서의 고난은 단지 장애물이라기보다는 자신을 성장시키는 하나의 단계다. 현장으로 달려가는 버스에 앉아 김 교수의 강의를 들으니 마치 내 성기가 잘려 나가는 듯했다. 그날 버스에 탄 남성들은 모두 나와 같은 생각이지 않았을까?

강의를 듣다 보니 어느새 한성(韓城)에 도착했다. 중국 발음으로는 '한청'이다. 사마천이 살았을 때는 '하양(夏陽)'이라 불렀다. 사마천 광장에 들어서니 엄청난 높이의 사마천 청동상이 보였다. 동상의 높이는 12m에 청동이 무려 52톤이나 들어갔다. 시진핑의 지시로 이곳에 여의도 면적의 3배 규모인 750만 평짜리 사마천 테마파크를 건설 중이라는데 규모도 중국의 소프트파워도 참 놀라웠다. 가는 길에 얼핏 본 교통표지판에는 '용문육수(龍門毓秀)'라는 말이 쓰여 있었다. '용문에서 인재를 길렀다'는 뜻이라는데, 사마천을 일컫는 말이라고 했다.

거대한 사마천 동상 뒤로 걸어가면 사당과 묘로 가는 길이 나온다. 사마천 무덤으로 올라가는 좁다란 계단 위로는 '사필소세(史筆昭世)'라는 사자성어가 적힌 작은 현판이 걸려 있다. '역사가는 붓으로 세상을 밝힌다'는 의미의 이 글귀가 가슴 깊이 남았다. 세상을 어떻게 밝힐 것이며 인간이 어떻게 살아가야 하는가의 답은 역사에 있다. 사마천은 궁형이라는 치욕적인 일을 당하면서도 끝까지 이 문제에 대해 고뇌했고, 붓을 들어 기록했다.

글귀의 의미를 곱씹으며 도착한 무덤은 가묘로 한나라가 멸망한 4백 년 뒤 무덤을 다시 만들었다. 사당과 무덤을 뒤로하고 나오는 길에는 『사기』에 나오는 인물들인 항우와 유방, 한무제 등의 조각상들이 나란히 서 있었다.

다음 날엔 사마천 사당 근처에 있는 역사적 장소들을 둘러보기로 했다. 먼저 한나라의 시조인 우(禹) 임금 사당을 방문했다. 이 지방은 진시황의 생부인 여불위와 한나라 유방의 공신인 장량의 고향이며 유명한 소림사가 있는 곳이기도 하다. 이어서 약 6백

년의 역사를 가졌으며 300여 가구가 사는 당가촌(党家村)을 찾았다. 돌아가는 길에는 한나라 개국황제인 유방이 잠시 은거했다는 망탕산(芒碭山)에 올라가 거대한 동상을 하나 더 만났는데, 높이가 44m라 하니 전날 만난 사마천 동상보다 3배 이상 큰 셈이다. 중국은 무엇을 하든 크기로 모든 것을 대변하는 듯했다.

김영수 교수의 말을 듣고 노트에 급히 쓴 '정치가 바로 서야 나라가 산다'는 문장이 있었다. 옳은 말을 했지만 단지 임금의 심기를 거슬러 사형까지 당할 뻔한 사마천은 이것을 뼈저리게 느꼈을 것이다. 완벽하게 나라의 살림을 운영할 수 있는 정치인이 어디 있겠는가. 하지만 나라와 국민을 위하는 것이 무엇인지 아는 정치가가 필요한 것은 확실하다.

나는 『사기』 권83 「추양열전(鄒陽列傳)」에 나오는 "백두여신 경개여고(白頭如新 傾蓋如故)"라는 구절을 이따금 펼쳐 본다. 상대방에 대한 진정한 이해와 사랑이 없다면 늙어 죽을 때까지도 그 사람을 제대로 알지 못하는 것이고, 방금 만난 사람이라도 서로에 대한 포용과 이해가 있다면 오래 사귀어 온 벗과 같은 관계를 이룰 수 있다는 뜻이다. "머리카락이 허옇게 쇠도록 만난 사람도 낯설게 느껴지고 지나가다 우산을 기울여 만났는데도 오랜 친구 같다"고 설명하는 김 교수의 말을 들으니 한번에 이해가 갔다. 되돌아보면 믿었던 오랜 지인이 한순간에 돌아서고, 처음 만난 이가 오래된 이처럼 마음이 맞았던 경험이 있다.

사마천은 이처럼 인간이 어떻게 살아가야 하는가에 대한 고뇌를 역사서를 통해 녹여냈다. 『사기』속 역사는 누군가의 편향된 시선으로 보여진 역사일 수도, 전부 다 사실이 아닐 수도 있다. 하지만 단순한 역사서가 아닌 한 개인이 큰 고난을 겪고 깨달은 인생의 교훈을 녹여낸 책은 그의 말처럼 붓으로 세상을 밝히는 힘을 가진다. 이런 고전을 글로만 이해하는 게 아니라 직접 현장에 가서 사마천의 삶을 생생하게 느끼면서 그가 하고자 하는 말을 좀 더 가슴으로 깊숙이 받아들일 수 있었다. 사마천은 몇천 년 전에 죽었지만 현대 사람들은 여전히 그의 글로 세상을 살아가는 데 방향을 잡고 교훈을 얻는다. 이것이 고전의 힘이다.

## 14

# 아우슈비츠에서 피어난 희망

"왜 살아야 하는지 아는 사람은 그 어떤 상황도 견딜 수 있다."

빅터 플랭크 박사가 3년간의 아우슈비츠 수용소 생활에서 살아남은 뒤 쓴 책 『죽음의 수용소』에서 저자가 인용한 니체의 말이다. 당시 사업을 시작하면서 여러 위기를 겪고 포기하고 싶었을 때 선배가 추천해 준 이 책 한 권이 살아갈 의미를 찾아주었다. 그리고 몇 년 뒤 이 책의 의미를 되새기고 싶어 회원들과 폴란드 아우슈비츠로 향했다.

폴란드 아우슈비츠 수용소는 외부 분위기부터 압도적이었다. 넓은 수용소 주변으로 전기 철조망이 이중으로 쳐져 그 누구도 빠져나가지 못하게 막아 놓은 모습이었다. 얼마나 많은 유대인들이 이곳을 탈출하려다 목숨을 잃었을까. 광활한 수용소는 텅 비어 조용했지만 과거의 비명이 들려오는 듯했다. 이곳에 끌려온 유대인들은 정문 위에 'Arbeit macht frei(노동이 그대를 자유케 하리라)'라고 적혀 있는 문구를 보고 무슨 생각을 했을까? 지옥에 도착한 듯 절망감에 빠졌을 그들의 기분이 나도 느껴졌다.

　독일 나치군은 철수하면서 이 수용소를 폭발시켜 집단학살의 흔적을 숨기려고 했다. 하지만 남성 옷 37만 벌, 여성 옷 83만 벌, 그리고 사람 머리카락 7.7톤 등 학살의 흔적은 그대로 남았다. 수용소 내에 마련된 박물관에는 유대인들의 머리카락과 압수한 가방, 안경, 신발과 같은 물건들이 전시되어 있었는데, 전부 실제 사람의 것이라니 믿을 수 없이 끔찍했다. 또한 사진들 속에는 삐쩍 마른 사람들과 집단사살 당하는 사람들의 모습이 가득했다. 도대체 얼마나 많은 사람이 죽었단 말인가! 수용소의 정보에 따르면 이곳에서만 110만 명의 사람들이 죽었으며, 그중 90%가 유대인이라고 한다. 서대문형무소를 견학하며 식민지 시절 일본의 잔혹함에 치를 떨었는데 그보다 더한 나치의 만행이 경악스러웠다.

아우슈비츠 수용소의 가스실은 4개다. 이 안에 한번에 2천 명가량을 들여보내 가스를 투입해 죽이고 나면 시신을 소각하는 데 30분도 채 걸리지 않았다. 가스실에서 살아남은 이들은 산 채로 소각장에 보내졌다. 어머니의 장례를 치를 때 화장터에서 2시간을 기다린 기억이 있다. 그런데 여기선 8천 명을 1시간 안에 죽이고 시신까지 없앴다. 지금 선진국으로 대접받고 있는 독일은 과거를 철저히 반성하고 있지만, 이 사건은 독일이란 국가가 존재하는 한 없어지지 않을 잔인한 역사의 한 페이지가 되었다.

그렇다면 이런 끔찍한 곳에서 빅터 플랭크 박사는 어떻게 살아남을 수 있었을까? 부족한 식사, 더러운 환경, 감염, 극심한 노동, 폭행이 일어나는 수용소에서 통상적으로 살아남을 수 있는 시간은 6개월이었다. 그 뒤는 대부분 병으로 죽거나 독가스실로 끌려가 죽음을 맞이했다. 하지만 플랭크 박사는 3년을 견뎌냈다.

답은 간단하면서 명쾌했다. '인간답기를 포기하지 말라'는 동료 수감자의 충고 덕분이었다. 가스실로 끌려가지 않으려면 깨진 유리조각이라도 구해 매일 아침 면도를 하라는 것이었다.

"한 끼 빵을 포기할지라도 인간답기는 포기하지 말아야 한다."

이것이 플랭크를 살린 말이었다. 스스로에게도 아직 살아 있음을 일깨워 줌과 동시에 감독관이 봤을 때 말끔한 외모는 아직 가스실로 보내지 않아도 될 노동원임을 보여 주었다. 놀라운 발상이었다. 살아남기 위한 방법은 의외로 간단했다.

　여기서 빅터 플랭크 박사는 또 하나의 포인트를 언급했다. 바로 '희망'이다. 실제로 크리스마스가 가까워지자 수감자들 사이에서 크리스마스가 되면 풀려날 것이라는 소문이 돈 적이 있다. 이 소문은 수용소에 생기를 불어넣고 배급되는 빵마저 타인에게 나눠줄 정도로 기대감을 증폭시켰다. 그러나 크리스마스가 지나고도 풀려날 기미가 보이지 않자 사망자가 2배 이상으로 늘었다고 한다.

　사람은 단지 삶이 힘들다고 해서 쉽게 자살하지 않는다. 유럽 각지에서 사람들을 잡아 화물열차에 빽빽이 싣고 그 안에서 똥오줌을 해결해야 할 때도 인간은 적응하고, 수용소의 끔찍한 노동과 폭행에도 살아남는다. 하지만 나아질 것이라는 희망이 없다면 삶의 의지를 잃은 이들은 목숨을 버리고 만다. 플랭크 박사는 고향으로 돌아가 아내를 만날 수 있다는 희망을 가지고 있었다. 그것이 그의 희망이자 목표였다. 그는 살아 돌아가야만 했기에 살아남을 수 있었다. 희망은 삶의 원동력이자 인간을 움직이는 큰 힘인 것이다.

플랭크 박사의 『죽음의 수용소』를 읽고 아우슈비츠를 방문했을 때 나는 사업 초기라 모든 것이 불안정했다. 아이들은 어렸고, 나는 가족의 희망이었고, 나의 희망은 가족이었다. 힘들고 불안할 때 언제나 나를 믿어주고 지지해 주는 아내와 아이들이 있기에 나는 지금껏 살아남을 수 있었다.

고통의 순간에서도 사랑하는 사람을 생각한다면 이것은 인간의 숭고한 목표가 되는 것이다. 지금도 힘들 때면 매일 아침 거울을 보며 깔끔히 씻고 깨끗하게 다려진 옷을 입을 수 있음에 감사한다. 방 밖 거실에서 사랑하는 가족이 시끌벅적 떠들고 있음에, 내일은 오늘보다 나을 것이라는 희망에 오늘도 살아간다.

## 15

# 시로우마다케에서
# 모임의 전환점을 맞다

한여름 8월에 만년설과 야생화를 만나기 위해 일본 나가노 북알프스 시로우다마케(白馬岳)로 떠났다. 서울은 이미 용광로처럼 달궈지고 있었다. 이런 뜨거움을 식혀 줄 얼음산과 봄에나 만날 수 있는 야생화를 동시에 만나는 건 매우 특별한 행사가 될 수 있다는 생각에 회원들을 모았다. 그동안 해외 트레킹이 꾸준히 인기를 끌어서인지 인원이 40명이나 모였다. 어느새 이렇게나 알려졌다니 뿌듯함을 감출 수가 없었지만, 이 여행이 큰 위기를 가져올 줄 이때는 상상조차 못했다.

해외든 국내든 가이드 없이 떠나는 자유여행은 각자 비행기를 예약하고 현지 전철과 버스를 이용한다. 하지만 이번에는 인원이 너무 많아 대중교통을 이용하기엔 무리가 있어 전세버스를 예약하고자 했다. 우선 일본 버스회사에 전화를 걸어 물어보니, 나고야 공항에서 나가노 알프스까지는 5시간을 넘게 달려야 하는 거리라 교통안전관리법에 의해 운전기사를 2명이나 배정해야 한다는 것이었다. 버스 렌털비가 국내보다 2배 이상 비싼데 운전기사도 2명을 두어야 한다니 부담도 배가 되었다.

인원이 많으니 이런 저런 예약과 비용 계산조차 일이 몇 배로 늘어났다. 특히 기존 트레킹 멤버가 아닌 잘 모르는 신입회원도 소개로 참가하게 되니 모임을 관리하는 데 조금 버겁기까지 했다. 그래도 그동안 잘 운영해 왔으니 무슨 특별한 문제가 있으랴 하는 막연한 생각으로 인원을 제한하지 않고 받았더니 나중에야 이때가 임계치를 넘는 시점이라는 걸 알게 되었다. 『중용』의 과유불급(過猶不及)을 몸소 체험하며 그 의미를 깊게 깨달았다.

출발하는 날이 다가오는데 뉴스에서 필리핀 근처에 대형 태풍이 발생했다는 소식이 들려왔다. 인터넷에 기상예보를 검색해 보니 태풍의 경로가 우리가 산 정상에 오를 날의 위치에 거의 맞아 떨어졌다. 40명이나 책임지고 있는 사람으로서 이때 처음으로 불안감이 생기기 시작했다. 모든 사건에는 징조가 있다. 게다가 내가 모르는 신입회원들 중 몇 명은 한 번도 산행을 해 본 적이 없는 사람들이었다. 그럼에도 불구하고 '가서 날이 너무 안 좋으면 산행을 포기하면 되겠지' 하며 불안감을 애써 외면했던 것이다.

　시로우마다케의 정상은 2,903m이다. 하지만 출발지인 사라쿠라소(猿倉莊)가 이미 1,230m에 위치해 있어 1km만 더 가면 대설계(大雪溪)로 살아생전 처음으로 한여름에 만년설을 볼 수 있다는 기대감이 컸다. 태풍이 올라오고 있다지만 아직은 날씨가 괜찮아 보여 예정대로 출발하기로 했다. 나고야 공항에 들어서니 미세먼지 하나 없이 맑은 하늘이 아름다웠다. 회원들을 이끌고 공항 밖으로 나가자 이미 대기하고 있는 버스를 발견할 수 있었다. 하지만 기사는 한 명이었다. 2명의 기사를 두어야 한다고 해서 그렇게 예약했는데 예약처에서 착오가 있었는지 한 명만 보내준 것이다. 일본말로 어렵게 변명을 하는데 알아듣기에는 한계가 있었다. 사기를 당한 것인가? 아무튼 더 이상 지체할 수는 없어 일단 출발하자고 말했다.

고속도로를 타니 그래도 외국에 온 느낌이 들었다. 차창 밖으로 보이는 집들과 건물들이 서울과는 달랐다. 회원들은 피곤한지 하나 둘 잠들기 시작했고 버스 안은 어느덧 조용해졌다. 나는 버스 기사가 보이는 위치에 앉아 고속도로 표지판을 보면서 방향이 맞는지 체크를 했다. 핸드폰 GPS를 통해 실시간으로 우리 위치를 파악할 수 있어서 다행이었다. 일본어도 연습하고 지리도 익힐 겸 버스기사에게 이따금 질문을 던지기도 했다.

2시간 정도 지나자 문제가 생겼다. 버스 안이 너무나 조용해서인지 기사가 졸기 시작했던 것이다. 대형버스를 몰며 졸다니 불안해지기 시작했다. 기사에게 졸지 말라고 경고를 하고 음악을 틀어 줄 것을 요구했다. 기사는 졸지 않았다고 변명했지만 1시간 뒤 결국 졸다가 인터체인지에서 나갈 방향을 놓치고 말았다. 나가노 방향으로 나가야 하는데 다른 지역으로 들어간 것이다. 원래 방향으로 가려면 돌아가야 하는 상황이었다. 휴게소에 내려 강력히 항의했지만 이제 와서 기사를 바꿀 수는 없기에 더 이상 졸지 않기를 기도해야 했다. 기사는 다행히 더 이상 졸지 않았다. 하지만 목숨까지 위험했던 가슴을 쓸어내리는 경험이었다. 버스 회사에 전화를 걸어 항의했고, 온천에 도착하니 관리자가 미리 도착해서 사죄와 함께 예약금 일부를 돌려주었다.

이렇게 5시간을 달려 1998년 동계올림픽이 개최되었던 나가노에 도착했다. 호텔에는 온천이 딸려 있어 다들 도착하자마자 온천을 즐긴 후 대연회장에 모여 식사를 했고, 생맥주와 사케를 마시며 그날을 마무리했다. 나는 이런저런 일에 긴장했던 것이 풀려 쓰러지듯 잠이 들었다.

둘째 날 아침 일본식 된장국으로 해장을 한 뒤 태풍이 오기 전 신속하게 출발했다. 아직까지는 하늘이 쾌청했다. 빠르게 움직이기 위해 40명을 10명씩 나눠 조장이 인솔하도록 했다. 그렇게 출발했는데 얼마 지나지 않아 또 문제가 생겼다. 회원 한 명이 미끄러져 넘어지면서 뒤따라오던 다른 여성 회원의 눈을 자신의 스틱으로 찌른 것이다. 순식간에 분위기는 아수라장이 되었다. 약사 출신인 회원이 눈을 생수로 씻으면 안 된다고 조언해 눈을 씻어내지도 못 한 채 우왕좌왕했다. 휴일이었고 근처는 작은 병원밖에 없어서 멀리 대학병원으로 이동해야 하는 상황이었다. 결국 내가 환자와 다른 한 회원을 데리고 병원으로 가고, 나머지 회원들끼리 정상을 올라가기로 결정했다. 다행히 일본에 사는 지인이 있어 도움을 요청했다. 그가 다친 회원을 병원으로 데려가기로 했다. 상황은 어느 정도 정리가 되었지만 남쪽에서 올라오는 태풍에, 다친 회원까지 내게는 모임 운영 이래 처음 맞는 위기였다.

일본 지인이 다친 회원을 병원에 데려다주는 것을 확인하고 나는 다시 차를 돌려 출발지로 향했다. 그러나 이미 8~9시간 걸리는 정상까지 가기엔 해가 져서 위험했다. 예정된 산행코스는 정상 하쿠바 산장에서 1박을 한 뒤 반대편으로 다시 8~9시간 걸어 산맥을 넘은 뒤 츠카이케타카하라에키(梅池高原驛) 838m 지점에서 곤돌라를 타고 하산하는 코스였다. 하지만 나는 갈 수 없으니 전날 묵었던 온천에서 하룻밤을 자고 난 뒤 반대편으로 가서 하산하는 팀과 합류하기로 했다.

문제는 정상에 있는 사람들이었다. 서둘러 움직였으나 예상보다 빠르게 비가 내리기 시작한 것이다. 산 정상에 도착한 이들은 거센 비를 몰고 온 폭풍으로 다들 겁에 질린 채 밤을 보냈다고 한다. 리더가 없는 상황과 더불어 산행을 계속 진행할 것인지, 아니면 포기하고 하산할 것인지를 두고 토론하다 싸움까지 벌어졌다. 결국 등산 경험이 많은 한 회원의 인도 하에 반대편이 아닌 올라간 그 길로 원점 회귀를 결정했다.

나는 병원에 있던 회원과 함께 새벽 일찍 대설계로 오르기 시작했다. 아침이 되자 하늘은 밤새 폭풍이 있었나 싶을 정도로 구름 한 점 없이 맑았다. 기적이 일어난 것일까? 아니었다. 우리가 서 있는 곳이 바로 태풍의 눈 안이었다. 폭우가 쏟아지지 않는 것이 다행이었다. 다시 시작된 한여름 더위를 뚫고 만년설이 있는 대설계로 들어서니 서늘함이 엄습했다. 태풍 때문에 등산객은 거의 없이 우리 둘뿐이었다. 저 멀리 원숭이 가족이 새끼들을 데리고 푸른 숲에서 하얀 눈이 보이는 만년설을 거쳐 지나가는 모습이 보였다. 그래서 출발지 이름도 사라쿠라소(猿倉莊)라고 하는 모양이다. '사라(猿)'는 일본말로 원숭이를 뜻한다. 아무리 일본이라도 산에서 원숭이 가족을 만나는 건 신기한 경험이다. 먼저 간 회원들도 이런 장면은 보지 못했다고 한다. 만년설이 끝나는 지점에는 다양한 꽃들이 산을 뒤덮고 있었다. 만년설 옆에 꽃이라니 믿기지 않았다. 어떻게 눈과 꽃이 함께 있을 수 있단 말인가. 이런 아름다운 장면을 회원들에게 보여 주는 걸 기획한 것이었는데 사고와 태풍으로 분위기가 엉망이 되어 버렸다. 잠시 후 하산하는 회원들과 다시 만났다. 회원들의 얼굴에 피곤함이 역력한 것이 즐길 힘도 없어 보였다. 체력에 한계가 와 다른 이의 부축을 받으며 걷는 회원도 있었다. 사고가 나고 날씨까지 더해져 모두 기세가 꺾여 있었다.

  만년설과 꽃을 보려 했던 그해의 시로우다마케 산행은 그렇게 끝났다. 그 다음해에 후배와 함께 다시 그곳을 찾았다. 산행을 한 번도 해보지 못했던 일본 고객까지 두 사람을 데리고 이틀 동안 18시간이나 산을 올랐음에도 불구하고 힘은 들었으나 포기할 정도의 난이도는 아니었다는 말을 나중에 들었다. 그때는 왜 그렇게 모든 것이 힘들었을까. 사고와 안 좋은 날씨로 다들 힘들다는 생각만 가지고 돌아갔을 것이다. 아무리 훌륭한 코스를 준비해도 기세가 꺾이면 힘들게 된다. 거기다 인원이 너무 많아 나 혼자 모든 것을 처리하기엔 무리였다. 이 모든 책임은 당연히 리더인 내게 있다. 내가 잘못한 일은 물론 아니지만 이날의 기억이 너무 힘들어 그 뒤 2년 동안 모든 운영직을 내려놓았다.

  회원들의 지속된 요청으로 다시 독서토론회와 등산회 운영을 시작하기는 했지만 이제는 기획할 때 최대한 많은 경우의 수를 생각한다. 『중용』의 과유불급을 넘지 않는 '균형(equilibrium)'도 더 공부하고 있다. 미치지 않는 것보다 넘치는 데서 오는 후유증을 몸소 깨달은 것이다.

　리더가 되어 모임을 운영하게 되면 많은 책임을 동반한다. 가끔은 그 책임이 부담스러울 때도 있지만 좋은 기억과 배움을 얻어가며 기뻐하는 이들 때문에 또다시 힘을 낸다. 모임을 운영함에 있어 크고 작은 위기들이 있지만 그럴 때마다 나 또한 더 배우고 성장할 것이기 때문이다.

16

# 정령의 섬,
# 일본 최남단 야쿠시마

　원령공주를 만나기 위해 머나먼 일본 가고시마 최남단의 섬 야쿠시마(屋久島)를 찾아갔다. 일본 유명 애니메이션 스튜디오 지브리의 명작 〈모노노케히메(もののけ姫)〉의 모티브이자 배경이 된 섬 야쿠시마는 정령이 나올 것만 같은 신비로운 매력의 숲으로 잘 알려져 있다. 가고시마에서도 남쪽으로 쾌속선을 타고 60km 가량 더 내려가야 한다. 아열대 지역이라 연평균 8,000mm 이상의 비가 내려 숲속이 온통 이끼로 가득해 〈모노노케히메〉 영화 속에 들어가 있는 듯한 느낌을 주는 곳이다. 사람이 2만 명인데 사슴과 원숭이도 2만 마리나 산다는 그곳을 트레킹 모임 회원들과

함께 찾아갔다. 유네스코 자연유산에 등록된 천혜의 자연을 자랑하는 곳이자 일본인들도 가 보기 힘든 전설의 섬으로 알려진 곳을 놓칠 수는 없었다.

그 당시에는 가고시마에서 야쿠시마로 들어가는 쾌속선 예약이 인터넷으로는 불가능했다. 할 수 없이 전화번호를 찾아 가고시마 항구에 전화를 걸었다. 8명이나 되는 단체라 설마 예약금 없이 예약을 해 주려나 싶었는데 나중에 항구로 찾아가 예약번호와 이름을 대니 아주 손쉽게 표를 내주었다. 인터넷 예약이 안 돼 잠시 당혹스러웠던 것이 무색할 정도로 간단했다. 료칸은 담당 숙박처가 있어 그곳으로 바로 예약을 했고, 비행기 또한 순조롭게 티켓팅을 마쳤다. 그렇게 우리는 후쿠오카로 날아갔고, 일본에 도착해서 고속버스를 타고 가고시마 항구로 이동했다.

달리는 쾌속선 위에서 하늘을 보니 날씨가 맑아 바다와 하늘이 마치 하나로 이어진 듯한 풍경이 연출되었다. 태평양 바다를 가르며 빠르게 달리는 배가 그동안 쌓인 스트레스를 한방에 날려 보내주었다. 파도도 잔잔해서 다들 멀미 없이 안전하게 야쿠시마 섬에 도착했다. 시작이 좋았다. 섬에 들어오며 멀리서 바라본 야쿠시마는 애니메이션 속 모습처럼 웅대한 산이 솟아 있고 구름이 산중턱에 걸쳐 있어 감탄사가 절로 나왔다. 마치 금방이라도 원령공주가 늑대를 타고 숲 속에서 달려나올 것만 같은 모습이었다. 마침 바람이 살짝 불면서 나무들이 요동치니 신비로움이 더해졌다. 다음날 새벽 4시에 산행을 시작해야 하기에 간단히 저녁을 먹기로 하고 근처 조그만 이자카야에 들어가 기린 생맥주와 덴뿌라 등 일본 음식을 가득 즐겼다. 술을 좋아하는 일부 회원들이 술을 더 시키려는 걸 극구 만류하고 료칸으로 일찍 들어가 하루를 마무리했다.

료칸 주인에게 이튿날 산속에서 먹을 도시락을 1인당 2개씩 주문해 두었다. 산속에는 별다른 식당이 없기에 도시락을 필수로 챙겨야 한다. 이튿날 4시에 기상해 미리 카운터에 준비된 도시락을 들고 길거리로 나섰다. 5분 뒤 저 멀리 칠흑 같은 어둠 속에서 시내버스가 다가왔다. 버스에 타면서 한 회원이 몇 년 전 취재차 이곳에 왔었는데 일본말이 되지 않아 이 버스가 조몬스기로 가는 것인지 그 반대로 가는 것인지 물어보지도 못하고 그냥 탔었다는 말을 했다. 웃음이 나왔다. 다들 그렇게 해외여행을 도전하는가

보다 하는 생각이 들었다. 조몬스기는 야쿠시마 섬 산 정상 근처에 있는 삼나무이다. 일본 정부의 기록에 의하면 약 7천 년 된 나무라고 하는데 이곳 야쿠시마에는 천 년 이상 된 스기나무들이 즐비하다고 한다.

야쿠시마의 삼나무들은 여러 시대에 걸쳐 성 건축에 대대적으로 사용되었다. 1960년대에는 벌목이 절정에 이르러 잘라낸 나무들을 실어 나르기 위해 철도를 만들었다. 지금은 폐선으로 남아 있는데, 이 폐선길이 제주 올레길처럼 야쿠시마 트레킹의 상징이 되었다. 우리는 약 1시간 정도 이 폐선을 따라갔다. 다행히 평지여서 힘들지 않았다. 폐선 왼쪽으로 흘러내려오는 계곡물 소리를 들으며 몇 개의 폐철교를 지나니 조몬스기로 오르는 산 밑에 도착했다.

본격적으로 산을 타기 시작하는데 갑자기 길 옆으로 커다란 검은 물체 2개가 쓱 지나갔다. 순간 등골이 오싹했지만 알고 보니 거의 검은색에 가까운 커다란 흑갈색 사슴 2마리였다. 안심하며 다시 산을 올랐지만 나중에 마을에 도착해서 본 사슴들이 평범한 연갈색의 작은 사슴들임을 확인했을 때 다시 오싹해졌다. 마치 〈모노노케히메〉에 나오는 사슴신과 같은 모습의 커다란 사슴들은 야쿠시마 섬 숲의 신이 아니었을까 하는 생각이 들었다.

숲속의 모든 나무들은 온통 녹색 이끼로 덮여 있었다. 여기저기 천 년 이상 된 삼나무들이 하늘을 찌를 듯 서 있고 금방이라도 숲의 정령 고다마들이 얼굴을 도르륵거리며 나타날 듯한 모습은 가히 압도적이었다. 자연 그대로의 모습은 언제나 아름답지만 오랜 시간을 살아남은 자연은 경외심이 느껴진다. 이렇게 신비로운 섬을 다시 만나기는 쉽지 않을 듯해 다들 그 모습을 카메라에 담기 바빴다.

이곳이 너무도 감명 깊어 나는 이 이후 또 다른 회원들과 함께 여기를 다시 찾았다. 그때는 인터넷으로 예약이 가능했다. 조몬스기를 다시 찾은 그날, 산을 오르는 10시간 내내 억수 같은 비가 내렸다. 비 오는 숲의 모습은 더욱 더 신비로움을 자아냈다. 더 멋지게 그 모습을 담고자 폐철교 가장자리로 발을 옮겨 딛는 순간 나는 이끼를 밟으며 그대로 아래로 미끄러졌다. 가까스로 난간을 잡아 추락하지는 않았지만 며칠간의 사진을 담은 핸드폰이 그대로 폐철교 아래로 떨어져 버렸다. 앞뒤 생각도 없이 우비와 배낭을 벗어 던진 후 계곡 물속으로 뛰어들어 물속을 몇 분간 더듬어 찾았다. 다행히 바위 틈에 걸쳐 있는 핸드폰을 겨우 건져 올라왔다.

지금 생각하니 비가 퍼붓는 날 계곡물에 뛰어들어 휴대폰을 찾고자 했던 것은 목숨까지 잃을 뻔한 너무도 위험한 행동이었다. 불어난 물에 떠내려가는 일 없이 안전하게 다시 올라온 것이 천만다행이었다. 트레킹을 다니면 이런 위험한 상황을 종종 마주한다. 스스로 조심해야 함은 당연하지만, 나를 지켜주는 운과 어떠한 힘에게 항상 감사하는 마음을 가진다.

물론 위험했던 기억만 있는 건 아니다. 비가 그치고 난 뒤 야쿠시마의 다른 숲속을 걸었을 때 젖은 몸을 말리기 위해 해가 비치는 곳에서 볕을 쬐고 있는 원숭이 떼도 참 신비로웠다. 비 온 뒤의 숲, 촉촉히 젖어 있는 이끼, 서로 털을 쓰다듬어 주며 몸을 말리고 있는 사람 같은 원숭이들이 또 한 번 애니메이션 영화 속에 들어가 있는 기분을 느끼게 해주었다.

산을 올라 7천 년 된 조몬스기를 만나고 10시간의 신비로운 숲속 산행을 마친 우리는 산 아래 조그마한 식당들 중 하나를 골라

들어갔다. 테이블이 4개뿐인 작은 선술집이었다. 타는 듯한 갈증에 허겁지겁 들이킨 기린 생맥주는 지금 생각해도 최고로 맛있는 맥주였다. 이어서 덴뿌라와 횟감들을 주문했는데, 음식이 나오는 대로 다 먹어치우고 수십 차례 재주문을 했더니 나중에는 주인장이 놀라는 눈치였다. 그렇게 우리는 수천 년 된 삼나무 숲에서 원령공주를 만나고 야쿠시마 선술집에서 원 없이 술잔을 비웠다.

다음날 아침에는 주변 관광을 한 뒤 밀물 때 단 2시간만 드러난다는 바닷가 온천을 찾았다. 바닷물이 밀려나가면서 바위 사이로 온천이 드러나는 곳이었다. 바로 옆에 성난 파도가 물결치는 모습을 보며 온천을 즐길 수 있어 여느 온천들과는 전혀 다른 새로움이었다. 가격도 100엔 정도로 저렴한데 류마티스, 신경통 등 여러 병에 효험이 있다고 소문이 나 있어 망설임 없이 들어갔다. 일본 최남단 신비의 섬 야쿠시마 트레킹은 그렇게 마무리되었다.

태고의 숨결이 느껴지는 야쿠시마 숲을 두 번이나 찾았다. 가능하면 사람의 손을 조금이라도 덜 타 오염이 적을 때 가자는 이유에서였다. 국내든 해외든 이렇게 잘 알려지지 않은 자연을 찾아 방문하고 있다. 아마존을 지구의 허파라고 칭하듯 숲은 인간에게 산소와 에너지를 만들어주는 보배와 같은 곳이다. 처음으로 등산을 권유해 함께 야쿠시마 숲에서 고생했던 한 회원은 그 여행 후 체력 증진을 위해 15kg을 감량했다. 숲이 주는 건강한 에너지의 힘이란 얼마나 강한 것인가! 인간세상의 풍경이 아닌 듯 신비로운 야쿠시마는 그렇게 누군가에게 건강을 선물해 주었고, 내게는 선한 영향력을 퍼뜨릴 또 하나의 기회를 주었다.

17

# 인류 최고의 교역로,
# 차마고도

F8 모임이란 게 있다. 독서토론회와 역사아카데미 회원들 중 가장 마음이 잘 맞는 사람 8명으로 구성된 모임으로, 드라마 〈꽃보다 남자〉 속 F4를 본 따 만들었다. '꽃 같은 중년 8명'을 의미하는 이름이다. 젊게 살고 싶은 소위 '아재'들의 마음이니 애교로 봐주기 바란다. 이 모임은 일반적인 여행보다는 조금 더 특별한 의미의 여행을 한다.

김난도 교수는 『트렌드 코리아 2022』에서 '러스틱 라이프(Rustic Life) 스타일'을 소개했다. 자연과 시골의 매력을 즐기되 도시 생활의 편안함까지 잃지 않는 시골형 라이프 스타일을 의미하는데, 주로 도시에 머무르고 거기에 시골의 소박함을 살짝 더하는 그런 삶이다. 내게 여행은 이런 라이프 스타일을 실현할 수 있는 방법이기에 언제나 자연과 함께할 수 있는 그런 장소를 물색한다. F8 여행 모임은 그에 더해 가능한 사람들에게 알려지지 않는 지역이나 온난화 등으로 곧 없어질 장소를 찾아 트레킹을 진행한다. 편의시설이 언제나 가까이 있는 여행지와는 달리 낯설고 거친 해외 트레킹은 걷다가 사고가 나도 바로 병원을 가거나 치료받기가 어렵다. 때문에 기꺼이 이런 거친 여행에 동참하길 동의한 사람들 중 기본적으로 체력과 외국어 등이 받쳐주는 이들을 모아 만든 것이 F8 모임이다.

이 모임은 가이드와 동행하지 않는다. 또한 가능하면 걷거나 대중교통을 이용하는 자유여행이다. 힘든 여행인데다 여행 일정이 길어서 서로를 배려하지 않으면 갈등이 일어나기 쉽다. 타지에서의 식사가 입에 맞지 않을 수도 있고 체력적으로 너무 힘들 수도 있다. 외국이니 말도 잘 통하지 않는다. 타인에게 마구 감정을 쏟아내지 않는 인내심 강한 사람들을 찾았지만 가끔은 어쩔 수 없이 갈등이 생기기도 한다. 하지만 이런 모임을 만든 사람이자 가이드 역할을 하는 것이 바로 나다. 직접 외국인과 대화해 길을 찾고 밥이라도 먹기 위해 개인적으로 일어, 중국어, 영어를 공부하고 있다. 체력은 등산을 통해 어느 정도 키울 수 있지만, 어학은 단어 하나를 외우면 3개를 까먹을 정도로 내게는 힘든 조건이다. 마음과 몸을 편히 쉬게 하는 보통의 여행과는 다른 F8 모임은 내게 순발력, 체력, 임기응변 능력, 리더십 그리고 어학 능력을 기르게 하는 일종의 훈련인 셈이다.

히말라야 동쪽 횡단산맥, 차마고도(茶馬古道, Tea-Horse Road)는 세계 3대 트레킹 코스로 중국 운남성과 쓰촨성에서 생산되는 차를 티베트 초원에서 생산되는 말과 물물교역을 하기 위해 왕래하던 해발고도 2,000m에서 5,000m 사이에 있는 좁고 험준한 산속의 길이다. 새와 쥐만 다닐 수 있을 정도로 좁다는 뜻에서 '조로서도(鳥路鼠道)'라고 불리기도 한다. 눈 덮인 높은 산들이 깊은 협곡 사이로 늘어져 있어 장관을 이룬다는 이 길은 중원 운남에서 티베트 동남부를 지나 네팔, 인도, 나아가 무려 유럽까지 이어진다. 실크로드보다 2백여 년이나 앞선 인류 최고(最古)의 교역로라는 차마고도를 가기 위해 8명의 사람들은 길을 떠났다.

첫째 날은 성 전체가 1997년 세계문화유산에 등재된 천년의 역사문화명승지 여강 고성(麗江 古城)을 방문했다. 중국에선 '리장'이라고 불린다. 8백여 년 전 옛 모습을 그대로 간직한 고성은 자주 영화와 드라마 촬영지로 자주 사용된다. 서양에서는 '동방의 베니스'라고 불리는 이곳에 마음을 뺏긴 차였는데 차마고도로 들어가기 위해 이곳에서 하루 숙박을 해야 한다는 말을 듣고 기쁜 마음을 감출 수 없었다. 명청(明淸) 시대 서북 차 무역의 요지였다는 명성에 맞게 길바닥조차 붉은색의 오화석(五花石)으로 아름답게 꾸며져 있었다. 비가 와도 발에 흙이 묻지 않고 걸을 수 있었는데, 특히 야간엔 중국의 예스러움과 잘 어울리는 온갖 조명들이 빛났다. 그 아래엔 길거리 노점들이 늘어서 있었다. 기름기도 많고 향도 강한 중국의 꼬치 요리들에 잠깐 머뭇거렸지만 새로운 음식에 도전하고 적응하는 것도 이 힘든 여행의 맛이 아니겠는가. 무릇 리더는 변화에 적응해야 한다는 생각을 하며 연태주 한 잔을 들이키고 이내 중국의 맛을 즐겼다.

둘째 날 아침 리장 터미널을 떠나는 시외버스를 타고 4시간을 달려 차마고도 입구인 샹그릴라에 도착했다. 중간 중간 들르는 버스정거장에서는 현지 시골사람들이 오르내리는 것도 볼 수 있었다. 이것이 자유여행의 묘미다. 준비된 단체관광버스에 올라타 목적지에 도착하는 건 쉽고 편하지만 F8 모임의 여행은 그게 목적이 아니다. 최대한 현지인들의 생활 속에 들어가 있는 그대로를 즐기고자 한다.

아무튼 그렇게 도착하니 티벳 특유의 풍경들이 눈에 들어왔다. 버스에서 내려 호도협 매표소에서부터 표지판을 따라 걷기 시작했다. 고산병을 겪는 회원이 있어 조랑말을 예약했는데 길이 하도 좁고 험해서 말 위에서 버티는 것이 오히려 더 힘들다고 했다. 결국 얼마 가지 못하고 말에서 내려 걸었다. 길에는 말들의 배설물들이 가득했다. 고된 길이었지만 말의 목에 단 종소리가 계곡에 울려 퍼져 아름다웠다.

깊은 협곡의 좁고 가파른 길에서 수천 길 낭떠러지를 내려다 보니 웅장한 굉음을 내면서 흐르는 거친 물살의 호도협(虎跳峽)이 보였다. 평소엔 물빛이 옥색이지만 그날은 며칠 전의 폭우로 흑색을 띠고 있었다. 하류에서는 '장강'이라 불리는데, 그 옛날 포수에게 쫓기던 호랑이가 강물을 한가운데 두고 이쪽저쪽으로 뛰어넘었다고 해서 붙여진 이름이다. 넓은 강물을 뛰어넘었다니 과장이 심하지만 산세가 험하면서도 아름다워 영물인 호랑이가 등장할 만했다.

아래로는 강물이 흐르고, 저 위 구름 너머로는 은빛 봉우리들로 가득한 5,000m의 옥룡설산(玉龍雪山)이 보였다. 장엄한 설산을 넋 놓고 구경하다가는 자칫 발을 헛디뎌 황천길로 갈 수 있기 때문에 조심스럽게 걸었다. 이따금 바위에는 '→TIBET 4hour'과 같은 페인트 글씨가 눈에 띄어 얼마만큼 온 것인지도 대충 알 수 있었다. 이 길은 그나마 안전한 길이라고 하는데 그렇다면 다른 길은 얼마나 험한 건지, 또 옛날엔 어떻게 그 높은 몇 천 미터 고지대를 다녔는지 혀를 내두르며 발걸음을 재촉했다.

다들 고산증과 싸우며 길을 걷고 있을 때 대자연 앞에 나약해진 우리를 비웃듯 굵은 소나기가 쏟아졌다. 엄청난 폭우에 피할 새도 없이 온몸으로 비를 맞았다. 병 주고 약 주는 듯 잠시 후 햇빛이 거세게 내리쬐어 당황해하는 중에 앞에서 걷던 회원이 빗물에 미끄러지면서 낭떠러지 아래로 떨어졌다. 운 좋게 작은 나무를 잡고 매달려 크게 다치지 않고 구사일생으로 살아났지만 생명을 잃을 뻔한 사고에 다들 겁에 질려 잔뜩 긴장한 채로 다시 길을 나섰다. 2,450m 지점의 차마객잔(茶馬客棧)을 통과해 중도객잔(中途客棧)에 도착하니 벌써 해가 지고 있었다.

이튿날 아침 동료들과 옥룡설산을 배경으로 점프를 하면서 마음껏 사진을 찍었다. 구름이 걸쳐진 설산 사진은 지금 들여다봐도 그때의 아름다움이 떠올라 절로 미소가 지어진다. 하지만 이 사진에는 안 좋은 추억도 있다. 전날 밤 하루의 긴장이 풀려 술에 얼큰하게 취한 회원들 몇몇이 서로에게 서운한 점을 토로하기 시작한 것이다. 작은 말다툼이 아니라 누군가는 당장 비행기를 예약해서 돌아가겠다고 할 정도로 큰 싸움이었다. 어떻게든 말려 여행을 끝까지 마무리하긴 했지만 그동안에 어디서 쌓인 서운함이 터졌는지 F8 모임은 얼마 후 해체되었다. 이후 회원 몇 명이 바뀌고 다시 모임이 재개되긴 했으나 여행에서는 어느 정도 인내하고 상대를 배려하는 마음이 서로 필요하다는 걸 새삼 되새긴 경험이었다.

셋째 날은 쿤밍 석림(石林)을 찾았다. 중국말로는 '스린(Shi Lin)'이다. 2억7천만 년 전 바다였던 곳이 융기해 숲과 같은 모양을 형성한 곳이다. 거대한 돌기둥들이 하늘을 향해 솟아 있는 모습이 장관이었다. 오랫동안 풍화와 침식을 거쳐 기괴한 경관이 형성된 미로 같은 곳이라 길을 찾기도 힘들었지만, 병풍을 보는 듯한 돌기둥과 아담한 호수가 어우러져 보는 이로 하여금 탄성을 자아내게 했다. 가는 길은 힘들고 지쳐도 대자연이 선물해 주는 마법과 같은 풍경은 그 피로를 싹 날려 주었다.

쿤밍 석림을 마지막으로 3박4일 간의 차마고도 트레킹 일정을 마무리했다. 단기간의 코스로 차마고도의 매력을 전부 느끼기엔 부족했지만, 좁고 가파른 3,000m 높이를 걷는 코스는 완전히 새로운 도전이었다. 난코스를 실제로 걸어보며 사고, 싸움, 개인적인 고난을 마주하고 그걸 극복했으니 인생에서 앞으로도 수없이 만날 험한 길들을 이겨내는 지혜가 될 것이라 믿어 의심치 않는다.

F8 모임의 해외여행은 낯선 장소를 방문해야 하기에 늘 익숙한 장소를 떠나 신선함을 맛볼 수 있다. 여행은 새로운 식사, 역사, 문화 그리고 사람의 다름을 배우는 활동이다. 기본적으로 인간의 두뇌는 변화를 싫어한다. 환경이 변하면 두뇌는 매우 예민해진다. 하지만 또 그렇기 때문에 빠르게 적응한다. 평범한 여행보다

더욱 큰 새로움과 고난을 마주하는 이런 훈련을 반복하면 언제나 변화에 빠르게 적응하는 힘을 갖게 된다.

코로나 시대 1~2년 만에 엄청난 변화를 겪은 세상에도 나는 당황하지 않고 차분하게 대응할 수 있었다. 변화에 적응하는 과도기에는 서로에 대한 배려와 교감이 더욱 중요하다. 서로를 이해하려 하지 않거나 자기 멋대로 하려고 하면 변화를 겪느라 예민해진 이들에겐 더 큰 갈등이 일어날 수 있다. 상대가 원하는 바를 신속하게 읽어내는 건 사적인 자리에서도 중요하지만 비즈니스적으로도 고객의 마음을 읽는 데 필수적이다. 나는 독서를 통해 상대와 교감하고 공감하는 훈련을 끝없이 한다. 평범하지 않거나 힘든 그런 곳만 골라가는 트레킹 여행은 집에서 독서로 배운 것들을 실제로 연습하는 일종의 실전 훈련인 셈이다.

## 18

# 지게를 지고 가는 마음,
# 미리내성지 순례길

현재 이끌고 있는 트레킹 팀에서는 매월 한 번씩 정기적으로 국내 아름다운 숲길을 찾아 떠난다. 서울에서 가까운 북한산 둘레길부터 저 멀리 바닷가를 끼고 도는 해파랑 길까지 한국의 아름다운 자연을 볼 수 있는 곳이라면 어디든 가는데, 이번에는 전혀 다른 길을 한 회원이 추천해 주었다. 그곳은 바로 한국인 최초의 천주교 사제인 김대건 신부가 사형당하고 난 뒤 그 시신을 옮겼다는 미리내성지 순례길이었다. 나는 천주교 신자가 아니었지만 종교적 의미로 방문하기보다는 언젠가 스페인 산티아고 길을 걷겠다는 목표가 있어 예행연습을 하기에 좋은 곳이었다. 또한 비록 신자가 아니더라도 회원들 중에는 천주교 신자가 있어 종교인의 마음을 느껴보는 것도 뜻깊은 일이라 생각했기에 다음 여행지를 미리내성지 순례길로 정했다.

김대건 신부는 2021년 유네스코 세계기념인물로 선정됐다. 이는 2013년 다산 정약용 선생이 동양인 최초로 선정된 것 이후로 또 하나의 쾌거다. 이번 여행에서 걸을 길은 단순히 종교적인 길이 아니라 근현대사와 궤를 같이 하기 때문에 독서토론회에서 공식적으로 비용을 후원받고 동행을 원하는 회원들을 트레킹 팀에 더해 함께 진행하기로 했다. 사전답사를 해보니 이렇게 참여 회원 수가 늘어난 상황에서는 용인 은이성지에서 미리내성지까지 걸은 후 다시 걸어 돌아올 수 없기에 버스를 빌리기로 했다.

'한국의 산티아고 순례길'의 일부분인 은이성지는 '은리(隱里)'라는 말에서 유래되었다. 조선 후기 천주교 박해 때문에 이곳에 교인들이 숨어 살아 '은리'라는 이름이 붙여졌는데, 한국교회사의 최초 교우촌이자 김대건 신부의 사목(司牧) 활동지기도 하다. 은이성지에 도착하여 둘러보니 사방이 한적하고 조용한, 아주 작은 마을이었다. 정면에 삼각형 모양으로 서 있는 하얀 건물과 연결되어 있는 기념관이 있고, 정원에는 김대건 신부의 조각상이 우리를 반겨 주었다. 성당과 기념관을 둘러본 뒤 가져온 플래카드를 성당 앞에 펼치고 순례길 출발 전 단체사진을 찍었다.

자연 속을 걸으며 아름다움을 만끽하는 것도 좋지만 다양한 역사적 장소를 찾아 역사를 공부하는 것은 여행의 또 다른 장점이다. 과거의 기록이 생생히 남아 있는 듯한 길을 걸으면서 과거와 현재를 비교해 보고, 인물들의 삶을 돌아보며 '나라면 어떻게 했을까' 하는 생각에 잠시 젖어 보는 시간도 좋다.

그동안 전국의 천주교 순례길을 아내와 다니고 있었다는 회원 한 명은 이날 김대건 신부 등 천주교에 대한 다양한 정보를 회원들에게 설명해 주었다. 덕분에 국내 천주교 도입과 박해 과정을 이해하는 데 많은 도움이 되었다. 한국 최초의 천주교 신부인 김대건은 지금의 서울 이촌동인 새남터에서 처형되었다. 새남터는 용산 한강의 모래사장으로, 풀과 나무를 의미하는 '새나무터'에서 유래했다. 조선 초 국사범들의 사형이 대부분 이곳에서 집행되었다고 한다. 신유박해, 기해박해, 병오박해 그리고 병인박해 4대 박해로 인한 천주교 신부들도 여기서 처형돼 천주교 순교성지 기념성당이 세워져 있기도 하다. 순례길은 천주교 중심지인 명동 대성당에서 출발해 서소문성지를 거치고, 새남터를 통해 한강변을 따라 절두산성지로 빠져 미리내성지로 이어진다.

　김대건 신부는 마카오에서 중등 교육을 마치고 다시 철학과 신학 과정을 이수한 뒤 조선에 들어와 신부활동을 한 지 겨우 1년 만에 순교했다. 그의 시신은 교인들에 의해 몰래 거두어져 미리내까지 남의 눈을 피해 밤에 옮겨졌다. 시신을 옮긴 사람은 빈체시오 이민식으로 당시 나이는 17세였다. 그렇게 어린 소년이 김대건 신부가 참수되고 40일 후 목숨을 걸고 시신을 빼낸 것도 모자라 노량진에서 미리내까지 약 3일간 시신을 지게에 지고 옮겼다. 어린 소년의 의지와 용기가 너무도 대단하게 느껴졌다.

　노량진에서 출발하기엔 무리가 있어 은이성지에서 순례길 트레킹을 시작했는데, 여기서 미리내성지까지는 험악한 3개의 고개를 넘어야 한다. 고개의 이름에 모두 '덕'자가 들어가 이를 성지순례 '삼덕의 길'이라고 한다. 넘기에 어려운 고개들은 아니지만 시신을 지게에 지고 고개를 넘었을 이를 생각하니 발걸음이 무거워졌다. 이와 반대로 마을은 아이러니하게도 조용하고 평화로웠다.

순례길에서 첫 번째로 만난 신턱고개에서는 이민식 신자의 고통을 느껴 보고자 평소 트레킹 길을 걷는 마음과는 다르게 지게를 지는 듯한 마음으로 걸었다. 고개 정상에는 십자가로 표시된 기념비가 놓여 있었다. 우리가 배낭을 벗듯 이민식 신자도 여기서 지게를 잠시 내려놓고 땀을 식혔을 것이다. 칠흑 같은 어둠 속에서 목숨을 걸고 이동했을 그의 마음은 얼마나 불안했을까. 어느 나라든 새로움을 받아들이는 데는 언제나 마찰이 일어난다. 그런 새로움을 정착시키는 개혁가들은 어쩌면 무모하다고 할지도 모르는 목숨을 건 행동을 한다. 신자가 아닌 나는 충분히 공감이 되진 않지만 어찌 되었든 그들에게는 목숨을 걸고 지켜야 할 것이었기에 죽음을 불사르는 용기를 냈을 것이다.

막 고개를 넘어가는데 몇 개월은 족히 지났을 고라니의 시체가 뼈만 앙상히 남긴 채 길 한가운데에 놓여 있었다. 수많은 트레킹 길을 걸어도 이런 경우는 처음이었다. 누군가의 시신을 지고 걸어간 순례길과 썩어 가는 고라니의 시체가 겹쳐 오싹해지며 강한 인상으로 남았다.

산을 넘어 아래로 내려가니 우측으로 와우정사가 커다랗게 보였다. 7~8년 전 은이산을 산행하면서 다녀간 적이 있는 절인데 이 길이 미리내성지 순례길과 교차한다는 것을 그때는 전혀 몰랐다. 불교와 민속종교를 믿던 조선에 천주교를 들여오는 것이 그렇게나 큰 희생을 낳았건만 현재는 두 종교가 같은 길에 나란히, 그리고 평화롭게 공존하고 있다.

잠시 쉬어가고자 와우정사에 들르기로 했다. 마치 태국이나 스리랑카에 온 듯한 기분이었다. 입구에는 커다란 철로 만든 거대한 불두(불상머리)가 보였다. 아직 시주가 다 모이지 않아 불두만 만든 것이라는데, 그 길이만 약 8m에 달한다. 다양한 불교국가에서 가져온 불상들을 구경하고 있을 때 스님 한 분이 나와 설명을 해 주었다.

와우정사 근처의 카페에서 마시는 시원한 차 한 잔에 다리가 늘어질 때쯤 회원들을 재촉해 두 번째 고개로 향했다. 와우정사에서 1km 내려가면 마을과 함께 일반 도로가 나온다. 다시 숲속으로 들어가려면 이런 도로를 따라 적어도 2km 이상을 걸어야 한다. 도로에는 아무런 안전장치도 없어 트럭이 지나갈 때면 몸이 흔들리기도 했다. 또 망덕고개에 들어서기 전 도로는 공사 중이라 온통 헤집어져 있었다. 유명한 성지길의 관리가 이렇다니 아쉬울 따름이다. 하지만 이것 역시 우리가 겪어야 할 순례의 과정이라면 어쩔 수 없이 불편함을 감수하는 수밖에.

신기한 것은 순례길 세 고개에 모두 '덕(德)'이라는 글자가 들어가 있다는 점이다. 누군가 의도적으로 이름을 지은 고개인가 하는 생각이 들었지만 정확한 설명은 듣지 못했다. 아무튼 최근 고전을 통해 덕에 대해 공부하고 실천하려고 하는 사람으로서 느낌은 좋았다. 또한 한국 천주교의 안착을 위해 목숨까지 버렸으며 그리스도인으로서 항상 선행을 행했던 김대건 신부를 기리는 자리이기에 덕이라는 이름이 더더욱 잘 어울린다는 생각이 들었다.

애덕고개 근처에 위치한 애덕마을로 가기 전 순례길 반대편에서 마중 겸 걸어왔던 회원과 만났다. 날씨가 더워 다들 금방 지치는 바람에 또다시 카페를 찾아 들어가 차가운 음료와 군것질로 배고픔을 달랬다. 순례길이나 트레킹 코스를 걷는 중 만나는 음료 한 잔은 언제나 오아시스를 만난 듯 반갑다. 하지만 이번만큼은 누군가는 물 한 모금 마시지 못한 채 걸었을 길이라 생각하니 마음이 조금 불편했다.

때문에 이번 휴식은 길지 않게 금세 일어나 애덕고개로 향했다. 미리내성지에서 미리 예약해 둔 해설사가 기다리고 있어 애덕고개에서는 휴식 없이 내처 걸어 성지에 도착했다. 잠시 기다리고 있자니 해설사가 반갑게 마중나와 성지에 대한 설명을 해 주었다.

미리내성지는 1801년 신유박해와 1839년 기해박해 당시 순교한, 김대건 신부를 포함한 천주교 인사들이 안장되어 있는 곳이다. 김대건 신부가 순교했을 때 17세의 이민식 신자가 신부의 시신을 빼돌려 이곳에 안장하면서 천주교 순교 사적지가 되었다. 그 후 많은 신자들이 미리내로 숨어들어 집집마다 호롱불을 켜놓고 살아서 멀리서 보면 마치 은하수처럼 보였다고 한다. 은하수의 순 우리말인 '미리내'가 이곳의 이름이 된 이유다. 김대건 신부의 묘 옆에는 이민식 빈체시오 신자의 묘가 나란히 있었다. 비록 천주교 신자는 아니지만 무언가를 지키고자 했던 그 마음이 느껴져 나도 모르게 손을 뻗어 묘를 어루만졌다. 그리고 순교한 이들에게 잠시 묵념을 했다. 성당에는 순교자들이 고문당하는 장면을 묘사한 사진과 고문도구들이 있었다. 참수당하기 전 이러한 고통까지 당했다니 도대체 종교란 무엇인가 하는 생각이 들면서 그에 더해 식민지 시대 나라를 지키기 위해 희생했던 독립투사들의 고통까지 느껴져 마음이 아파왔다.

미리내성지에서 한국 천주교의 역사를 잠시 느껴본 뒤 순례길 트레킹에 마침표를 찍었다. 2백 년 전 역사 속 인물을 따라 걷는 길은 많은 생각을 하게 했다. 종교를 떠나 보아도 한국사에는 희생을 감수하면서 목적을 이룬, 무언가를 지켜낸 많은 개혁가들이 있다. 그런 이들이 하나하나 모여 오늘날의 대한민국이 만들어진 것이다. 나 또한 모임과 회사를 운영하면서 많은 저항을 만난다. 앞으로도 많을 그 저항들을 어떻게 헤쳐 나갈 것인가 생각이 많아지는 하루였다. 이 경험들을 많은 이들과 나누며 나아갈 수 있기를 바라며 나는 한 발자국 한 발자국 앞으로 옮겼다. 김대건 신부보다 2배 넘게 살아온 나는 먼 훗날 뒤돌아봤을 때 어떠한 발자취가 남아 있을까.

19

# 찬바람 부는 풍경,
# 제주도의 '세한도'

"추사 김정희를 모르는 사람도 없지만, 아는 사람도 없다."

오래 전 전주 LX공사 혁신포럼에 초대되어 1박2일 동안의 세미나에 참석한 후 전주 한옥마을에 숙박한 적이 있다. 근처 한정식 집에서 전통주를 얼큰하게 즐긴 뒤 숙소에서 여운을 즐기고 있을 때 눈에 들어오는 그림이 하나 있었다. 마침 인사를 하러 나온 주인장에게 문지방에 걸린 저 그림이 무엇이냐고 물어보았다.

추사 김정희의 〈세한도(歲寒圖)〉라는 대답과 함께 주인장에게서 추사가 제주도로 유배를 가게 된 이유와 그 그림을 그리게 된 배경까지를 간략하게 들었는데, 그 설명이 유난히도 가슴에 와 닿아 오랫동안 지워지지 않았다. 그래서 눈이 많이 내리는 어느 겨울 추사가 9년 동안 유배하게 된 제주도를 찾기로 결심했다. 그래야 〈세한도〉 속 찬바람 부는 풍경을 바라보던 추사의 마음을 조금이나마 이해할 수 있을 것 같았다.

제주에 폭설이 내리던 그날은 비행기가 끊겨 가지도 못하고 며칠 뒤 급하게 역사아카데미 회원들 몇 명에게 연락하여 시간이 되는 사람들과 함께 다시 길을 나섰다. 2박3일 코스로 하루는 제주추사관을, 또 하루는 하얗게 눈 덮인 한라산을 방문하기로 했다. 최근 온난화로 눈 구경이 어려운 서울에 사는 나는 일부러 영동 지역에 폭설이 내리면 오후 일정을 취소하면서까지 눈을 보러 달려가곤 한다. 서두르지 않으면 금방 눈꽃이 사라져 버려 날아가듯 달려간다. 때문에 폭설이 내린 한라산은 놓칠 수 없는 풍경이었다.

제주공항에 착륙한다는 안내방송에 창문 밖을 내려다보니 저 멀리 한라산은 물론 제주 시내까지 하얗게 덮여 겨울왕국을 보는 듯했다. 폭설로 어제까지 입산이 금지되었다는 소식에 다소 불안했지만 다행스럽게도 날씨가 포근해져 운을 기대했다. 그 전에 우선 렌트카를 빌려 서귀포시 대정읍으로 달려갔다.

평일이라 추사관에는 사람이 많지 않았다. 추사관 건물은 〈세한도〉 속 집을 모티브로 하여 지어져 누구나 이곳이 추사기념관이라는 사실을 알 수 있었다. 추사관 옆에는 추사가 9년간 위리안치(圍籬安置) 한 곳이 보였다. '위리안치'란 가시 울타리로 집을 둘러싸 죄인이 장소를 벗어날 수 없도록 하는 형벌이다. 지금도 초가집과 함께 가시 울타리가 그대로 남아 있다. 부유한 집안의 자제로 태어나 자유분방하게 살아가던 예술인이 울타리 안에 갇힌 심정은 오죽했으랴 싶었다. 기록에는 추사가 끊임없는 풍토병으로 고생을 거듭했다고 적혀 있다.

바깥을 잠시 둘러보고 추사관 안으로 들어갔다. 전시관에는 추사가 초의선사와 차를 나누는 그림이 있었다. 추사는 서예는 물론 금석고증학, 경학과 불교에까지 상당한 지식을 갖추었다. 집안의 원찰인 화엄사가 있고 아버지를 따라 연경에 갔을 때 4백여 권의 불경과 불상을 마곡사에 기증했다는 기록만 봐도 불교와 연관이 깊음을 알 수 있다. 불교에 깊은 조예를 가진 백파와 선(禪)에 대한 논쟁을 해서 그를 궁지에 몰아넣었다는 일화는 그가 불교에 대해 얼마나 해박한 지식을 갖고 있었는지를 보여 준다. 초의선사는 그런 추사와 40년 우정을 나누고 제주 유배지에서 6개월간 함께 생활하기도 했다.

전시관을 둘러보다 드디어 〈세한도〉와 마주했다. 불행히도 추사관에 있는 〈세한도〉는 진품이 아니다. 진품은 국립박물관에 있다고 한다. 아쉬웠지만 추사가 존재했던 이곳 제주에서 그의 9년 유배생활의 아픔을 느끼고 있는 것만으로도 큰 감동이었다. 〈세한도〉는 소나무 한 그루와 잣나무 세 그루 그리고 배경도 없는 집한 채가 다인 그림이다. 하지만 그림에서 묻어 나오는 쓸쓸함은 기념관 전체를 채우는 듯했다. 유배 동안 아내도 죽고 지인들과의 연락도 거의 끊기다시피하여 모든 게 두절된 상태였던 추사에게 당시 통역관으로 근무하던 후배 이상적이 업무차 중국으로 갈때마다 청나라 서적과 다양한 소식을 보내 주었다. 귀양살이 중이던 죄인에게 책을 보내다 발각되면 본인도 위험에 처할 수 있는 상황에서도 목숨을 걸고 이것저것을 보내 준 은혜를 갚기 위해 추사는 이 그림을 그렸던 것이다.

'세한(歲寒)'은 한겨울의 매우 심한 추위를 말한다. 그런 추운 겨울이 오고 나서야 비로소 소나무와 잣나무만이 푸르름을 유지한다. 송나라의 소동파로 불릴 정도로 잘나가던 추사 김정희는 천재이면서도 개혁가의 기질을 타고난 사람이다. 개혁가인 정조와 궤를 맞춰 북학파 중 하나로서 청나라 문물을 받아들여 안동 김 씨의 세도정치를 이겨내고 백성을 위해 일하다 결국 안동 김 씨 가문의 모함으로 대역죄인이 되었다. 먼 제주로 귀양을 와 음식으로 인한 고생은 물론 각박한 사람의 인심을 새삼 실감했으니 그 배신감은 어찌 말할 수 있으랴. 〈세한도〉 맨 밑에는 '장무상망(長毋相忘)'이라는 인장이 찍혀 있다. '오래도록 잊지 말자'는 뜻이다. 그림 앞에 오래 서서 추사가 되어 보았다. 나 역시 많은 고객을 만나기도 하고 많은 모임에 나가 이런저런 인연을 맺는다. 힘든 일을 겪으며 믿었던 사람이 떠나가는 것을 나도 경험했기에 추사가 느꼈을 배신감이 이해되었다.

이튿날은 운 좋게도 한라산 입장이 허용돼 회원들과 함께 등산에 나섰다. 커다란 잣나무 가지들이 무거운 눈의 무게로 인해 부러질 듯 휘어져 있었다. 작은 소나무들은 온통 눈으로 뒤덮여 커다란 눈사람처럼 보였다. 카메라 앵글을 대충 잡아도 겨울왕국에

온 듯 멋진 장면들이 연출돼 다들 사진을 찍느라 오르는 속도가 느려졌다. 선발대가 다져 놓은 길 옆으로 발을 디뎌보니 무릎까지 쑥 빠져들었다. 그렇게 고생해 가면서 고지가 1,500m 진달래 대피소까지 도달했지만 그 이상은 눈이 너무 쌓여 갈 수가 없었다. 대피소도 이미 50%가 파묻혀 알아볼 수 없을 정도였다. 백록담을 못 가 아쉬움이 컸지만 이렇게 아름다운 풍경을 보는 것만으로도 행운이라는 생각이 들었다. 한라산 중턱에서 추사관 쪽을 바라보며 추후 전문 역사학자를 초빙해 추사 김정희에 대해 더 알아보기로 의견을 모았다.

그렇게 서울에 돌아와 『추사 김정희』를 저술한 유홍준 교수를 섭외했다. 유 교수는 추사를 '단군 이래 최고의 예술가'라고 칭했다. 그는 붓글씨뿐만 아니라 예술, 문장력까지 섭렵한 천재 중의 천재였다고 한다. 어느 날 북학파의 대가였던 박제가가 추사의 집 앞을 지나가다 여섯 살 나이에 그가 쓴 '입춘대길' 문구를 보고 스승이 되겠다 자청하며 "이 아이는 앞으로 학문과 예술로 세상에 이름을 날릴 것이오"라고 말했다. 또 노론 출신인 변암 체재공도 "이 아이는 필시 명필로 세상에 이름을 떨칠 것이오"라고 말했다. 이러한 여러 기록들만 봐도 어릴 적부터 뛰어났던 추사 김정희의 천재성이 돋보인다.

추사 김정희는 국제적인 센스도 뛰어난 한류스타였다. 유홍준 교수의 기록에 따르면 당시 청나라는 공리공론을 떠나 정확한 고증을 바탕으로 하는 고증학이라는 학문이 유행했는데, 아버지 김노경을 따라 자제군관 자격으로 연경으로 갔다가 청나라의 대표학자 완원 및 옹방강이라는 청나라 대학자들과 교류했다. 완원은 추사의 천재성을 알아보고 후에 자신의 편찬작업에 참여하게 해 준다. 이 경험은 추사가 금석학(탁본)과 고증학의 대학자로서 성장하는 계기가 된다. 이후 김정희의 호가 추사에서 완당으로 바뀐 것도 완원과 추사가 절친한 사제지간이었음을 증명한다. 조선 후기의 학문은 실사구시를 기반으로 빠르게 변화했다. 정조, 김정희, 정약용과 같은 학자들이 좀 더 일선에서 정치를 이어갔다면 조선은 힘을 잃지 않았을 것이다. 매우 안타까운 일이다.

이따금 북한산 정상에 올라 '진흥왕순수비'를 바라보며 추사 김정희를 떠올린다. 그의 금석학이 아니었다면 이 비는 그저 돌덩이에 불과했을 것이다. 한류의 원조격이자 천재인 추사도 결국 정치적 다툼으로 인한 당쟁과 유배를 벗어나지 못했다. 〈세한도〉를 이 따금 바라보면서 소나무 같은 친구는 누구일까 생각해 본다. 유발 하라리는 "변화만이 유일한 상수다"라고 했다. 변화만이 엄정한 사회에서 살아남을 최상의 수이지만 역설적으로 소나무처럼 변하지 않아야 할 의리도 있는 법이다. 나도 무소의 뿔처럼 그렇게 나아가리라.

20

# 따뜻함을 품은 사패능선

사패산은 강북 5산 중 하나다. 불암산, 수락산, 사패산, 도봉산 그리고 북한산으로 이어지는 다섯 코스를 한 번에 완주해야 진정한 산악인이라고 불린다. 암벽이 많은 코스라 일반인들이 하루에 종주하기는 힘든 곳이다. CEO등산모임에서는 이런 곳을 회원들에게 경험할 수 있게 하기 위해, 위 산들을 하나씩 등산하고 사패산 너머 몇 군데 운영되고 있는 장흥숯가마를 방문해 마지막으로 뜨거운 숯불의 원적외선으로 피로를 풀며 마무리하는 코스를 제공하고 있다.

사패산은 정상의 큰 봉우리가 삿갓처럼 생겨 갓바위산으로 불리다가 조개껍질처럼 생기기도 했다 해서 후에 사패산이라는 이름을 얻었다는 설이 있다. 이름의 유래는 확실치 않지만 여러 산을 다녀본 경험으로 비교해 보건대 이 산이 세계 어디에 내놓아도 아름다움에서는 빠지지 않을 산이라는 것은 확실하다. 그것도 큰 도시 근처에 있는 산이니 말이다. 서울 근처라 가볍게 짐을 챙겨 전철을 타고 갈 수도 있다. 등산 루트도 200가지가 넘어 다양한 트레킹도 가능한 곳이 사패산을 포함한 이 강북 5산이다.

우리는 망월사역에 집합해서 산을 오르기 시작했다. 군데군데 눈이 내린 흔적들이 산 입구 상점 건물들 이곳저곳에 하얀 페인트칠을 한 듯 붙어 있었다. 추위에 대비해 미리 털장갑과 귀마개를 챙겨와 영하의 겨울등산임에도 불구하고 다들 추워하기보다는 즐거움이 가득한 모습이었다. 오랜만에 만나는 회원들은 들떠 그동안의 안부를 전하며 서로 조잘대고 있었고, 나는 근처 식당에서 김밥과 생수를 사서 나눠 주었다. 약속시간이 지나도 여전히 도착하지 않은 회원들이 많아 출발이 계속 미뤄졌다. 연락을 해보니 전철을 잘못 탔거나 아침잠이 부족해 졸다가 내릴 역을 지나쳤다고 말한다. 그래도 불쾌해하는 회원들은 없었다. 한 달에 한

번 이렇게 정겹게 만나 서로의 안부를 묻는 모임이 있다는 것은 큰 즐거움이다. 새벽에 일찍 일어나 다른 사람들과 나눠 먹기 위해 뜨거운 물을 준비하고 과일과 샌드위치를 정성스럽게 챙겼을 사람들을 어찌 조금 늦는다 해서 미워할 수 있겠는가. 겨울산행의 추위를 녹여주는 건 털장갑과 귀마개뿐만 아니라 서로를 생각하며 이것저것 준비해온 사람들의 온기다.

　지각한 회원들까지 모두 모인 후 다함께 아이젠을 장착하고 눈 위를 걷기 시작했다. 눈이 많이 쌓이진 않아 산행이 아주 어려운 정도는 아니었다. 두꺼운 등산복을 챙겨 입고 온 회원은 벌써 더워하며 귀마개와 장갑을 벗어던지며 걷고 있었다. 겨울산행에는 두꺼운 옷 한 벌보다는 얇은 옷을 여러 겹 입는 게 좋다. 온도에 따라 벗고 입기가 쉽기 때문이다. 그렇게 얼마간 걸어 망월사(望月寺)에 도착했다. 아름다운 탱화가 있는 절이다. 고즈넉하고 조용한 망월사는 다른 사찰보다 탱화가 덜 무서워 더 친근하다.

　'달(月)을 바라보는(望) 사찰'이라는 뜻의 망월사는 이름부터 참 시적이다. 사실 신라 선덕여왕 시대 해호(海浩) 스님이 거주하던 산성 이름이 '망월성(望月城)'이라 그 스님이 지은 암자도 '망월사(望月

㈜'라고 불리게 되었다. 대궐 가까이 머물라고 한 여왕의 부탁도 거절하고 산속에 작은 암자를 지어 달을 바라보며 나라의 안녕을 기도했을 스님의 마음이 느껴져 망월이라는 이름이 참으로 잘 맞지 않나 싶었다. 사찰 앞에 서서 겨울 하늘을 바라보고 있자니 작년 가을 등산대장과 둘이 이곳에서 붉은 단풍을 구경한 추억이 새록새록 떠올랐다. 눈이 아프도록 짙은 단풍의 붉은색이 너무도 황홀하여 자리를 뜨지 못하고 연신 카메라 셔터를 눌러댔던 기억이 있다. 조용하고 평화로운 산속에선 밝은 하늘만 바라봐도 생각에 잠기게 된다. 그 옛날 해호 스님은 암자 앞에서 푸른 달을 바라보며 무슨 생각을 했을까?

불가에서는 인연을 함부로 만들지 말라고 한다. 무소유를 주창하신 법정스님은 진정한 인연과 그저 스쳐 지나가는 인연을 구분하라고 했다. 소중한 인연에는 최선을 다하되 그렇지 않은 인연은 멀리할 줄도 알아야 한다. 살면서 그런 경우가 있다. 어설픈 인연을 끝까지 붙잡으려고 에너지를 쓰고 스트레스를 받으면서도 놓지 못한다. 어떤 인연이 소중하고 또 어떤 인연이 끊어내도 되는 것인지의 기준은 어렵다. 옳고 그름의 문제도 아니다. 그러나 사람은 사람에게서 온기를 얻기도 하지만 상처 또한 받는다. 자신을 갉아먹는 인연까지도 억지로 붙잡으려 해서는 안 됨을 불교에서는 말하고 있다.

망월사를 떠나 사패능선을 따라 걷다 보니 정상에 도착했다. 정상석 뒤로 보이는 아찔한 천길 낭떠러지 너머로 양주 장흥과 저 멀리 의정부까지 보였다. 한동안 분주하게 단체사진과 개인사진을 찍고 다시 모여 넓은 암석 위에서 각자 가지고 온 간식들을 꺼내 먹으며 휴식을 취했다. 등산에 익숙지 않은 회원은 온몸을 땀으로 적셔 보는 사람까지 안쓰러워질 정도로 떨었지만 다른 이들이 건네는 따뜻한 코코아 한 잔에 이내 몸의 온기를 되찾아가는 모습이었다.

겨울이라 해서 집에만 머무르고 있으면 일조량이 턱없이 부족해진다. 숲속 음이온, 땅의 기운, 나무들의 주파수, 맑은 공기 그리고 하체 근력의 증가 등 등산의 장점은 셀 수 없이 많다. 춥다고 집에서 웅크리고만 있을 것이 아니라 추울수록 자연과 호흡해야 한다. 다같이 나와 웃고 떠들면서 마음까지 따뜻해지는 건 덤이다.

하산은 망월산 역 반대 방향인 양주 장흥 쪽으로 했다. 그리곤 몇 군데 숯가마 중 화력이 제일 센 장흥 숯가마 집으로 향했다. 이런 숯가마에서는 숯으로 구워 먹는 고기를 빼놓을 수 없기에 가는 길에 슈퍼에 들러 삼겹살과 김치를 잔뜩 구매했다. 도착해 보니 이미 많은 사람들이 가마를 둘러싸고 앉아 따뜻함을 즐기고 있었고 회원들 대부분은 숯가마에 처음 오니 신기해했다. 하지만 금강산도 식후경이라 하지 않았는가. 다들 배가 고파 벌겋게 물든 숯부터 먼저 얻어와 별도의 식당에서 삼겹살을 구워 먹었다. 겨울 산행 후 먹는 고기는 어떻게 먹어도 맛있었겠지만 특히 질좋은 숯으로 구운 고기의 맛은 지금도 군침이 돌 정도로 잊을 수 없는 맛이다. 고구마를 숯불 웅덩이에 묻어두고 소주 한 잔을 기울이며 떠들다 마지막으로 달짝지근하게 익은 걸 꺼내 먹으며 식사를 마무리했다.

배를 채운 후 우리는 본격적으로 숯가마에서 쏟아져 나오는 열기를 즐기기 시작했다. 숯가마 찜질은 가마 주위에 둘러앉아 그곳에서 나오는 열기를 직접 쬐는 방식이다. 숯불은 온열작용을 할 뿐만 아니라 숯의 원적외선은 피부 깊숙이 파고들어 각종 질병을 치료하는 효능도 있다. 주위에는 치료의 희망을 갖고 모여든 여러 암환자들이 많았다. 실제로 몇 개월간의 찜질로 차도를 보였다는 이도 있었다. 이처럼 온기란 사람의 병을 치료하기도 한다.

4년 전 아버지가 폐암 진단을 받았을 때 매주 찾아 원적외선을 쬔 곳도 이곳이다. 이곳에 오면 어쩔 수 없이 아버지와 함께 한 추억이 떠오른다. 암으로 돌아가신 어머니에게 살아 생전 바쁘다는 핑계로 최선을 다하지 못했던 죄스러움이 남아 아버지와는 한 주에 한 번은 반드시 여기를 찾아 5시간 이상을 가만히 앉아 숯불을 쬈다. 아버지는 당신 몸의 암을 치료하기 위해 그 열기에도 꼼짝하지 않고 숯가마 앞에 앉아 있었다. 다행히 폐암은 그 이상 악화되지 않았지만 결국 치료 도중 심정지로 돌아가셨다. 폐암 치료에 집중하느라 평소 심장이 비대해 주의하라는 의사의 권고를 간과한 탓이었을까? 이런저런 생각에 후회도 되지만 살아 계실 적 함께 시간을 보내기 위해 1년이 넘도록 최선을 다했던 그 시간들은 이제는 소중한 기억이 되었고, 이런 추억은 숯가마의 온기와 같이 내 마음을 언제나 따뜻하게 만들어준다.

사패산 등산은 그렇게 장흥숯가마 찜질로 마무리되었다. 지금도 등산을 할 때면 어머니의 유언이 생각난다. 죽고나면 산에다 뿌려달라고 하셨지만 동생들이 반대해 결국 납골당에 모셨다. 만약 산에 뿌렸더라면 매일같이 지나다니며 말을 걸고 그곳에서는 잘 지내시냐며 안부를 물었을 것이다. 산을 오를 때마다 어머니와 함께 하는 기분도 들었을 것이다. 어머니의 그 말 때문에 어느 산을 가든 어머니가 떠오른다. 똑같이 어느 숯가마를 가도 아버지가 떠오른다. 금방이라도 옆에서 말을 걸 것만 같다. 비록 어머니와 아버지는 이제 곁에 계시지 않지만 지금은 가족들이, 그리고 모임의 회원들이 곁에 있다. 사람들과 온기를 나누는 것이 얼마나 중요한지 새삼 깨닫는다. 추운 겨울에 찾은 사패산과 장흥숯가마는 그 영하의 기온에도 내게 따뜻함을 선물해 주었다. 앞으로도 인생의 역경을 만날 때마다 서로를 생각하며 준비한 따뜻한 코코아를 나누고 고구마를 구워 먹으며 그 따뜻함에 위로를 받고 또 위로를 건네는 삶을 살고 싶다.

21

# 휴전선 따라 흐르는 얼음꽃,
# 한탄강

매년 여름엔 한여름 무더위를 피하기 위해 계곡 물속을 걷는 아쿠아 트레킹을 간다. 반대로 겨울엔 한겨울 빙판 위를 걷는 얼음 트레킹을 떠난다. 뺨을 얼리는 세찬 북풍을 맞으며 얼음 위를 걷는 기분은 뜨거운 태양빛이 내리쬐는 물속을 걷는 것과는 전혀 다르다. 물 위로 얇은 얼음만이 만들어진 곳은 위험하기에 긴장감도 엄청나고 스릴마저 있다. 건강관리를 위해 시작한 등산이지만 매번 똑같이 산만 타다 보면 지루해지기에 다양한 트레킹을 기획하고 있다. 섬 트레킹, 눈꽃 트레킹, 진달래 트레킹, 억새 트레킹 등 테마가 있는 특별한 트레킹은 회원들에게 신선함과 함께 추억을 만들 기회를 주기 때문이다. 모임은 역시 타 모임과 차별화가 되어야 성공적으로 유지되기 때문이기도 하다.

이번 얼음 트레킹은 한탄강에서 진행되었다. 북녘을 바라보며 휴전선을 따라 흐르는 한탄강은 이름부터 슬퍼 보인다. '한숨을 쉬며 탄식한다'는 의미의 '한탄(恨歎)'이라 생각하고 있었는데 직접 방문해 알아보니 그게 아니었다. 한탄강은 순우리말로 '한여울'이란 뜻이다. '한여울'의 한자 '대탄(大灘)'이 바뀌어 지금의 한탄강이라는 이름으로 불리게 된 것이다. 한탄강 주변에 사는 지인의 설명을 듣고 난 뒤 기암절벽을 바라보며 가지고 온 아이젠을 신발에 장착했다. 본격적인 얼음 트레킹이 시작되었다.

한탄강을 걷고 있자니 35년 전 경기도 포천에서 군복무 할 때가 생각났다. 당시 나는 사격 선수로 차출되어 두 달여 간 전문 장교와 함께 이곳에서 훈련을 받은 적이 있다. 논산 훈련소에서도 0점 사격을 거의 한 구멍에 모으듯 쏴서 나름대로 재주가 있나 싶었는데, 포천으로 자대 배치 후 테스트를 받을 때에도 같은 결과가 나와 결국 부대 대표선수가 되었다. 매월 바쁜 행정업무에 더해 한탄강 근처까지 와서 두 달 간 사격훈련을 받았는데, 그곳에서 망

원렌즈를 부착한 전문 사격요원들과 함께 훈련을 받던 게 그저 신기했다. 부대에 있는 총알에 인근 부대의 총알까지 지원받아 원 없이 사격을 했다. 갑자기 떠오른 군복무 시절을 추억하다 옆에서 발걸음을 재촉하는 일행의 목소리에 정신이 들었다. 과거에 왔던 장소를 재방문하며 옛 기억을 떠올리는 것도 여행의 매력 중 하나다.

　바람이 불어서인지 추위가 사뭇 매서웠다. 한탄강 주변의 기암절벽을 따라 이어지는 변화무쌍한 협곡을 걸어야 했기에 미끄럼 방지를 위해 회원들 모두 아이젠을 부착하고 스틱을 쓰도록 했다. 걸으며 보는 협곡은 이국적인 느낌이 들었다. 폭포가 있던 자리는 얼어붙어 그 모습 그대로 얼음이 된 듯했고, 겨울왕국에 온 듯 환상적인 모습에 다들 카메라 셔터를 누르기 바빴다. 얼음 트레킹을 많이들 오는지 위험한 곳은 이미 안전띠로 막아놓아 트레킹 코스 전체는 그리 위험하지 않았다. 얼음의 어떤 부분은 마치 유리처럼 투명해 물속 깊이 들여다 볼 수 있었고, 그 안에는 느리게 움직이는 물고기까지 있었다. 이곳은 여름이면 래프팅을 즐기는 곳이다. 몇 개월 전만 해도 래프팅을 하는 사람들과 여름의 열기를 가득 담고 굉장한 소리를 내며 흘러갔을 물살이 얼음에 덮여 하얗고 고요하게 흐르고 있는 모습을 보니 계절마다 바뀌는 자연의 또 다른 매력에 즐거웠다.

 아프리카 어느 마을에서 좁고 창문조차 없는 교실에 창문을 달고 천장을 50cm 높여 다시 지어 주었더니 학생들의 성적이 30% 올랐다는 연구 기록이 있다. 아름답고도 압도적인 자연을 마주하고 나면 탁 트인 공간에 마음까지 맑고 넓어지고 우울했던 기분도 사라진다. 영국의 브라이엄 영 대학이 학생 1만6천여 명을 대상으로 진행한 연구에 따르면 여러 환경적 요인 중 스트레스 수치에 유일하게 영향을 미친 것이 일출과 일몰 시간이었다. 또한 미국의 심리학자 웰스의 실험에서는 유아들이 암기과제를 수행한 후 도심에서 휴식을 취한 경우와 숲속을 산책한 경우, 후자에서 더 뛰어난 과제 수행 능력을 보였다. 해가 들지 않는 답답한 건물에서 벗어나 가끔은 이렇게 광활한 자연과 마주하는 것이 기분 전환과 동시에 창의성과 문제해결 능력도 길러 주어 다시 일상생활을 성공적으로 해내는 데 중요한 역할을 함이 틀림없다.

 두꺼운 얼음이 넓게 펼쳐진 곳에서는 다들 배낭을 내려놓고 작고 둥근 돌을 찾아 얼음축구를 했다. "이런 곳에서 무슨 축구야"라며 소극적이던 사람들도 막상 게임이 진행되니 승부욕이 생겨 열심히 뛰어다녔다. 제대로 만든 골대도 아니고 양쪽에 표시만 해놓고 '여기가 골대다' 하니 골을 넣으려면 꽤나 집중력이 필요했다. 공이 쉽게 들어가지 않으니 어떻게든 넣으려고 최선을 다해 뛰니 얼마 지나지 않아 얼음 위에서도 다들 땀을 흘리기 시작했다. 아이젠을 망가뜨리고 뒤엉키고 넘어져 웃음을 터뜨렸다. 돌아보니 가장 기억에 남는 장면이었다. 열심히 뛰어다니는 사람들, 그리고 협곡 양쪽으로 우릴 응원하는 듯 솟아 있던 아름다운 기암절벽과 얼음폭포가 아직도 눈에 생생하다.

　머리로 배운 지식보다 이렇게 땀을 흘리며 두 발로 직접 체험한 경험들은 평생 기억나는 법이다. 어릴 적 배워 둔 자전거는 오랜 시간 타지 않아도 다시 안장 위에 앉으면 금세 다시 탈 수 있다. 이런 모임은 회원들 간의 우정 혹은 업무 교류로도 확장된다. 단순히 술자리에서 소개받아 얘기를 나누는 것이 아닌, 적어도 5시간 이상 물속, 얼음 위, 산길 등을 걸으며 서로가 서로에게 도움을 주고 힘듦을 나누며 함께 길을 찾고 목표를 향해 나아간 기억은 대화로는 결코 만들 수 없는 끈끈함을 만든다. 또한 한순간도 긴장의 끈을 놓지 않아야 하는 위험한 길을 걷다 보면 온몸의 신경을 예민하게 만드는데 그런 훈련은 변화하는 시장을 빠르게 파악하고 항상 리스크를 읽어내야 하는 사업가에게는 꼭 필요한 역량이다. 밖으로 나오지 않았다면 따뜻하고 안전한 집 안에서 편하게 TV를 보고 있었겠지만 이런 위험은 내겐 아주 좋은 자극제가 된다.

  얼음 트레킹은 연 1회 진행된다. 매년 장소를 달리하는데, 한 번도 와보지 못했던 계곡에서 얼음 위, 즉 물 위를 걷는다는 건 매우 색다른 이벤트다. 나는 항상 내게 창의적 사고를 할 수 있게 해주는 색다른 길을 찾으려 한다. 꾸준한 활동으로 건강한 육체를 유지하는 것은 물론이거니와, 그래야 이따금 만나는 전혀 예상하지 못했던 역경들도 무사히 헤쳐 나갈 수 있기 때문이다.

## 22

# 독립운동가의 눈물이 밴
# 남산 성곽길

4년째 한양도성 성곽길을 걷고 있다. 성곽길역사문화연구소 최철호 소장과 함께 남산, 낙산, 북악산, 인왕산을 잇는 18.627km의 성곽길을 모두 걸어 보려 한다. 한양도성 성곽은 일제강점기 당시 일부 훼손되었지만 지금은 대부분 복원하여 유명한 트레킹 명소가 되었다. 참고로 '남산'은 일제강점기 때 지어진 이름이고, 우리 고유의 이름은 '목멱산'이다. 조선을 건국한 이성계가 한양으로 천도할 때 남산에 목멱대왕(木覓大王)을 모신 사당을 세웠던 곳이라고 하여 목멱산이라고 불렀다. 성곽길은 밤에도 걸을 수 있도록 성벽을 조명으로 환하게 밝혀 놓았다. 야경이 매우 아름다워

연인들이 걷기에도 낭만적이다.

이 날은 8.15 광복절을 기념 삼아 장충단공원을 거쳐 백범김구 광장과 안중근의사기념관을 방문하는 코스로 일정을 잡았다. 약 40여 명 가량 회원들이 모인 장소는 1420년 세종대왕 재위 시기 청계천의 수위를 측정하기 위해 만든, 480년 된 돌다리 수표교(水標橋)였다. 1958년 청계천 복개공사 당시 홍제동으로 이전되었다가 1965년 장충단공원으로 옮겨왔다는데, 조선시대의 토목기술을 자랑하는 역사적 가치가 커서 이곳을 출발지로 삼았다.

장충단(奬忠壇)은 제단의 일종인데, 일제강점기 때 민족정기를 말살하기 위해 훼손된 곳이다. 원래는 한양도성의 남쪽을 수비하는 군영 남소영(南小營)과 을미사변 때 일본군과 싸우다 순직한 홍계훈 장군 등의 충신들을 기리는 사당이 있었으나, 일본은 이곳에 국화인 벚꽃을 잔뜩 심고 이토 히로부미(이등박문, 伊藤博文)를 추모하는 절 박문사(博文寺)를 세워 공원을 만들어버렸다. 박문사는 대한민국정부 수립 후 철거되었지만 여전히 일본인들은 그 터인 신라호텔을 찾는다. 현장을 방문해 설명을 들으니 개탄하지 않을 수 없었다.

장충단공원에서 남산 쪽으로 걷다 보면 일제강점기 때 네덜란드 헤이그 특사로 갔던 이준 열사의 동상과 민족말살정책으로부터 한글을 지키기 위해 한글사를 조직했던 외솔 최현배 선생의 동상이 덩그러니 서 있는 게 보였다. 최철호 소장과 걸으며 일제강점기 수난사를 듣고 있자니 피가 거꾸로 솟는 기분이었다. 국가의 지도자가 사리사욕만 챙기고 국민의 안위는 생각하지 않으면 수많은 이들이 거리로 내몰리고 죽어간다. 오히려 힘없는 백성들이 국가를 지키기 위해 목숨을 내놓는 모습을 역사에서 자주 찾아볼 수 있다. 일제에 빌붙어 이익을 챙겼던 친일세력들은 지금도 부끄러움 없이 부자 행세를 하면서 잘산다. 남산 정상을 넘어가 만날 안중근 의사에게 벌써부터 미안한 마음이 들었다.

　남산 숲속은 나무가 울창했다. 소나기라도 내릴 듯 한쪽 하늘에서는 검은 먹구름이 언뜻 보이기도 했지만 여름 한낮은 불볕더위를 선물했다. 다행히 나무들이 그늘을 만들어주어 그나마 회원들이 걷기에는 좋았다. 하지만 불편한 건 더위가 아니었다. 이토 히로부미의 흔적이 아직도 신라호텔에 남아 있다는 점이 마음에 남아 자꾸만 발걸음이 무거워졌다. 내가, 그리고 우리가 약해지면 이토 히로부미 같은 사람은 언제고 다시 살아나 대한민국을 휘젓고 다닐 것이다. 역사를 배우고 과거를 반복하지 않아야 제2,3의 이토 히로부미가 나타나지 않는다. 오늘도 회원들과 함께 역사기행을 떠나는 이유다.

이런 생각들에 휩싸인 채 걷다 보니 어느새 남산의 정상인 N서울타워에 도착했다. 길목에 5개의 봉화대가 보였다. 마침 조선시대 복장을 갖춘 봉수군들이 봉화의식을 진행하고 있었다. 남산 봉화대는 변방의 긴급한 상황을 중앙에 빠르게 알리기 위해 낮에는 연기를, 밤에는 횃불을 사용한 통신 시스템이다. 옛 복장을 그대로 입은 이들을 보니 잠시 조선시대로 돌아간 듯한 기분이 들었다.

봉화대 바로 옆에는 남산의 제일 명당이라고 하는 팔각정이 있다. 많은 사람들이 등산 후 쉬어가는 곳이기도 하다. 지금은 정자가 있지만 원래 이곳은 '목멱신사(木覓神祠)'라는 불리는 국사당이 있던 자리다. 고종 이전까지 이곳에서 제사를 지냈다. 이후 일본인들에 의해 국사당이 헐리게 되었지만 광복 후 이승만 대통령이 이 자리에 지금의 팔각정을 지었고, '우남정'이란 이름을 붙였다.

남산 정상에는 카페, 햄버거 가게, 기념품 숍 등 다양한 가게가 있다. 그중 남산타워에서 제일 유명한 브리티시 골든 에일 맥주를 회원들에게 서비스로 제공했다. 그렇지 않아도 더운 날씨에 산행으로 땀까지 뻘뻘 흘린 회원들은 시원한 맥주를 하나씩 받아 들고 꿀 같은 휴식을 취했다.

1년 전 광복절 날, 한창 한일 무역전쟁이 치닫고 있던 때 몇몇 회원들과 함께 이곳에서 독서토론을 했던 기억이 났다. '지피지기 백전백승(知彼知己 百戰百勝)'이라는 말에 따라 일본의 속성을 파헤칠 수 있는 책 2권을 특별히 선정해 안중근의사기념관 앞 백범김구광장에서 토론을 진행했다. 선정된 도서들은 일본인의 이중성을 날카롭게 해부한 『국화와 칼』과 한반도를 정벌하자는 '정한론'을 주장했던 에도시대 사상가 요시다 쇼인에 대한 책이었다. 일본의 뿌리부터 철저히 배워 대응하지 않으면 제2의 정한론을 주장하는 무리들에게 또다시 당하고 말 것이라는 생각에서 선정한 책들이었다. 우리는 아베 총리가 가장 존경하는 인물인 요시다 쇼인에 대해 알아야 한다. 철천지원수라 해서 일본을 무조건적으로 배척만할 게 아니라 쇼인이 서양 열강으로부터 글로벌 의식을 배워 이

후 작은 마을학교 쇼카손주쿠(송하촌숙)을 세워 일본의 근대화에 큰 역할을 한 점은 배워야 할 것 같다.

땀을 충분히 식히고 난 후 숭례문 방향으로 내려가다 보니 금세 안중근의사기념관에 도착했다. 안중근의사기념관은 일본이 일제강점기 당시 남산에 세웠던 신사(神社) 조선신궁(朝鮮神宮)이 있던 자리에 위치해 있다. 한국인들에게 신사참배를 강요했던 굴욕적인 장소였던 이곳을 1945년 해체하고, 그 자리에 이토 히로부미를 암살한 우리의 영웅 안중근 의사의 기념관을 건립한 것이다. 몇 차례 이곳을 방문했지만 올 때마다 내방하는 사람들이 거의 없었다. 일제에 항거해 나라를 되찾는 데 목숨을 바쳤건만, 역사 교육을 외면하고 출세 위주의 암기식 공부만을 강요하고 있는 한국의 현실이 안타까웠다.

안중근의사기념관의 참배홀에 들어서면 안중근 의사의 커다란 좌상이 있고, 그 뒤에는 그가 왼손 약지를 잘라 그 피로 커다랗게 대한민국이라 쓴 국기가 걸려 있다. 좌상 앞에서 잠시 묵념을 한 뒤 기념관을 둘러봤다. 안 의사의 가족사진, 이토 히로부미를 저격하던 당시의 사진, 동포에게 쓴 유서 등 다양한 자료들을 볼 수 있었다. 뤼순 감옥에서 그가 일본인 검찰관과 간수에게 써준 옥중 육필 중 하나인 '견리사위 견위수명(見利思義 見危授命)'은 백범김구광장에도 커다란 돌바위 위에 새겨져 있어 내가 늘 가슴에 품고 사는 문장이기도 하다. '사사로운 이익에 앞서 의로움을 먼저 생각하는 자세를 가져라'는 뜻이다. 공자가 제자 자로에게 한 말로 『논어』에 나오는 말인데, 완전한 문장은 '구요불망평생지언 역사이위성인의(久要不忘平生之言 亦可以為成人矣)'이다. 이 문장은 '오래된 약속이라도 평생 잊지 않으면 또한 인격 완성이라 할 수 있다'라고 해석된다. 이로 비추어 보면 안중근 의사가 어떤 태도와 가치관으로 삶을 살았는지 보인다. 감옥에서 일본인 감찰관에게서조차 존경을 얻은 이런 영웅이 점점 잊혀 가고 있다는 사실이 안타깝고 화가 나기도 한다.

  끝으로 상하이 임시정부를 운영하며 윤봉길과 이봉창 의사의 의거를 지휘했던 백범 김구 동상 앞에 서서 다 같이 묵념을 했다. 백범 김구가 안두희에 의해 피살되지 않았다면 대한민국은 어떻게 달라졌을까? 암살의 배후는 이승만이나 미국의 OSS라는 설도 많지만 결국 밝혀지지는 않았다고 한다. 예나 지금이나 이데

올로기 싸움은 끊이질 않는다. 이런 싸움들에 많은 독립운동가들의 희생은 지워지고 아직도 친일세력들이 기득권을 잡고 있는 대한민국은 앞으로도 갈 길이 멀다. 역사책을 펴 들어야 하는 이유다.

최철호 소장과 백범 김구 동상 앞에서 작별인사를 한 지 1분이 채 지나지 않아 소낙비가 내리기 시작했다. 마치 나라를 위해 죽어간 독립운동가들의 눈물 같았다. 일본이 싫다고 그들을 아예 무시해서는 안 될 일이며, 한국이 밟아온 과거를 과거일 뿐이라 치부해서도 안 된다는 사실을 다시 한 번 다짐하며 비가 추적추적 내리는 하늘을 바라보았다.

## 23

# 어른들의 놀이터,
# 아쿠아 트레킹

한여름 무더위에 에어컨의 한계를 느낄 즈음 최근 소홀해진 만남에 불만을 가지던 친구들을 달래기 위해 물속을 걷는 아쿠아 트레킹 모임을 기획했다. CEO모임은 매년 하지만 친구들과의 만남은 적어지다 못해 팬데믹으로 없다시피하다 보니 서운함이 커져온 터였다. 오래간만에 그리운 얼굴들도 볼 겸 다 같이 '작은 금강산'이라 불리는 강원도 오대산 소금강 계곡으로 떠났다.

당시는 도쿄올림픽이 한창이던 때였다. 김연경 선수가 활약하던 배구 경기에 대해 얘기를 나누다 보니 진고개에 도착했다. 차에서 내리니 서울과는 다른 서늘한 공기가 얼굴에 닿는 느낌이 좋았다.

더위에 지쳐 있던 우리에게 너무도 반가운 찬공기였다. 진고개 휴게소에서 옥수수와 감자떡을 사서 하나씩 나누어 먹고 노인봉 정상을 향해 출발했다.

친구들은 출발하자마자 벌써 물속에는 언제 들어가냐고 아우성을 쳤다. 사전에 소금강 계곡 아쿠아 트레킹 코스는 길고 힘들다고 수도 없이 공지했지만 귀담아들은 친구는 없었다. 다들 등산화 대신 얇은 아쿠아 슈즈를 신은 모습이었다. 몇 년 전에 갔던 일본 만년설 트레킹에서 등산 배낭 대신 캐리어에 짐을 잔뜩 담아온 지인이 생각났다. 어떠한 여행이든 자신이 갈 장소의 성격을 파악하고 준비하는 자세가 필요하다. 다행히 이번 아쿠아 트레킹은 위험하지 않았으나 항상 모든 상황에 대비하는 것은 늘 중요하다. 노인봉 정상을 넘어 폭포에 도착했지만 2시간 정도의 등산에 땀을 흘리고 체온이 높아져 당장 물속에 들어가기는 무리였기에 잠시 쉬어가기로 했다.

숲속 공기가 시원한데도 땀을 비오듯 흘리는 친구들을 보니 세월이 많이 흘렀음을 새삼 느낄 수 있었다. 밤을 새며 술을 마셔도 피곤함을 모르던 우리가 이제는 걷는 것만으로도 이렇게 힘들어

하다니, 흐르는 세월을 막을 수는 없는 것 같았다.

내려올수록 대자연의 비경은 천국이 되어 갔다. 마치 영화의 한 장면 같았다. 하류로 내려오니 주위에는 매미도 천사의 목소리로 합창을 해 주었고, 반대편 계곡에서도 새들이 하모니를 맞춰 주었다. 죽어서 가는 곳이 천국, 지옥이 아니라 이곳이 천당이고, 시멘트와 플라스틱이 가득한 서울은 틀림없이 지옥일 것이다. 순간 어디선가 불어오는 시원한 바람을 맞으며 잠시 지옥에서 벗어나 있는 기쁨을 누렸다.

매미는 애벌레 상태로 땅속에서 7년을 기다리다 지상에 나와서 단 일주일을 애달프게 울고 간다. 우리네 인생도 이와 다를 게 없지 않은가. 열심히 공부해서 직장에 자리를 잡으면 결혼을 하고 아이를 키운다. 아이가 혼자서도 살아갈 수 있을 정도로 자라고, 이제는 내 인생을 좀 즐겨봐야지 하며 한숨 돌리면 어느새 나이 60을 바라보는 자신을 발견할 수 있다. 요즘에야 결혼도 아이를 낳는 것도 필수가 아니라 젊을 때 해외를 돌아다니며 자유롭게 사는 이들도 원하는 것을 한다고 훌쩍 떠나버리는 이들도 많다지만 소위 '나때는' 그렇지 않았다. 시골에서 상경해 몸이 부서

져라 일하며 젊음을 보내고 나니 내 모습이 꼭 이제서야 지상에 나와 열심히 울고 있는 매미 같다. 물론 나는 지금이 행복하다. 더 나이 들기 전에 독서와 여행으로 많은 것을 배워 여러 모임을 이끌고 내 인생의 리더가 된 내 자신이 좋다. 하지만 저렇게 목놓아 울고 있는 매미에게서 약간의 쓸쓸함이 느껴지는 건 어쩔 수가 없다. 잠깐 몸을 빌어 이승에 왔다 가는 순간이 매미가 비로소 목소리를 내는 순간보다 짧게 느껴지리라는 생각이 들었다. 바쁜 척 그만하고 이 순간 친구들과 어깨동무하며 그들의 아픈 곳도 어루만져 주고 기댈 수 있는 한 그루 소나무가 되어 보자. 인생은 짧으니 주변 사람들도 돌아보자. 늙어 다리 힘이 빠지고 아이들이 결혼해 뒤에 남겨지면 막걸리 한 잔 기울이며 얘기할 곳은 친구들뿐이다.

그래서 친구들과 함께 하는 이 순간이 새삼 고맙다. 물속에 언제 들어가냐고 아우성치는 친구들을 진고개 휴게소에서 산 옥수수와 감자떡으로 달랬다. 모든 일에는 순서가 있는 법, 등산으로 뜨거워진 몸을 그대로 찬물에 담그면 심장마비의 위험이 있다. 잠시 쉬다 1시간 가량을 내려가니 적당한 폭포와 넓은 소가 나오고 물의 냉기도 많이 가셔 그제서야 친구들과 소금강에 뛰어들었다.

　계곡 물속에 발을 담그고 여러 포즈로 사진도 남겨 본다. 마치 드라마 주인공처럼 만들어주니 친구들은 신이 나서 소리친다. 따라오는 게 힘들어 다리와 무릎이 아프다며 징징대던 이들이 물장구 한번에 유치원생으로 돌아갔다. 수영도 하며 즐거워하는 모습에 웃음이 터져나왔다. 하류로 내려갈수록 수온이 낮아지고 기온도 올라가면서 물을 즐기기가 더욱 좋아졌다. 올라갈 땐 힘들었지만 물속을 걷는 코스는 힘들지 않아 다들 편히 즐기며 그렇게 아쿠아 트레킹을 마무리했다.

　이렇게 매년 1회는 전국 명산의 계곡을 찾아 아쿠아 트레킹을 즐긴다. 처음 동료들과 물속을 걷는 이벤트를 제안했을 땐 다들 주저했다. 멀쩡히 입고 있는 옷은 물론 신발마저 홀딱 젖어야 하는 상황이 마음에 들지 않은 것이다. 하지만 일단 한번 젖고 나면 언제 그랬냐는 듯 서로 물을 끼얹고 소리를 지르며 어린아이처럼 노는 모습을 보인다. 환한 미소에 사진도 자연스럽다. 얌전히 방에 앉아 술을 마실 때와는 다르게 서로 몸을 부딪히며 친밀감도 높아진다. 나이가 이미 50을 넘는 마당에 이렇게 물장구치면서 스스럼없이 어울릴 수 있는 기회가 앞으로 얼마나 많이 있겠는가? 매미와 같이 잠깐 목소리를 내다 가는 인생을 너무 쫓기며 살기보다는 주변 사람들과 함께 즐기며 살고 싶은 마음이다.

특히 폭포와 계곡이 흐르는 곳에는 숲보다 음이온이 더욱 풍부하다. 사람에게 유익한 음이온은 각설탕 사이즈로 계산하면 도시에서는 200~300개 정도인데 폭포 아래에서는 그 수치가 100,000을 넘는다고 한다. 숲속은 평균 10,000을 유지하고 사람이 거주하는 방 안은 약 100 정도라고 한다. 음이온은 혈액 중 망간, 칼슘 같은 미네랄 성분의 이온화율을 상승시켜 알칼리화의 진행을 돕는다. 미네랄이 풍부한 생수를 먹는 것으로도 피가 끈적거리는 산성화를 막는 데 도움을 주고 당뇨병, 고혈압, 암 진행을 막는데에 탁월한 효과를 준다고 한다. 몸이 산성화되면 통증과 염증을 유발하고 콜라, 햄버거 등의 산성화된 음식으로 몸에 활성산소가 과다하게 발생되는데 이것을 막아주는 데에도 음이온은 필수다.

이것이 우리가 도시를 벗어나 계곡과 숲속을 걷고 깨끗한 물을 마셔야 하는 이유다. 최근 토양이 오염되어 각종 채소가 30년 전에 비해 미네랄 수치가 많게는 10분의 1로 줄어들었다고 한다. 우리가 컴퓨터와 TV에서 나오는 양이온이 가득한 도시를 벗어나 대자연 깊은 숲속을 자주 찾는다면 두통, 기관지염, 요통, 어깨 걸림 및 각종 병을 예방할 수 있다. 동료들과 우애도 다지고 질병도 예방할 수 있는 계곡 아쿠아 트레킹은 이제는 모임에서 하나의 장르로 자리잡았다. 겨울에는 얼음 트레킹으로 여름에는 아쿠아 트레킹으로 어른이 다 된 우리에게 자연은 새로운 놀이터가 되어준다. 여름 트레킹은 장마가 지난 뒤 물속 미끄러움을 내는 이끼가 씻겨 나가고 수량이 풍부한 7월에 하는 것이 좋다. 우리는 내년 7월을 또 그렇게 기다린다.

## 24

# 한려수도의 붉은 노을,
# 통영 욕지도

욕지도(欲知島)는 경남 통영시에 위치한 섬이다. 지명의 어감이 다소 어색할 수 있지만 한자로 풀이하면 '알고자 하는 욕심'이라는 뜻이다. 호기심을 불러일으키는 섬이라고 해석할 수 있지만 모든 욕심을 내려놓고 며칠간 훌쩍 떠나버리고 싶을 만큼 아름다운 곳이기도 하다.

이곳은 연화열도에서 가장 큰 섬인데도 불구하고 한산도, 연화도, 비진도 등에 가려 생각보다 잘 알려지지 않았다. 나 역시 그간 통영은 몇 번 방문한 적이 있지만 욕지도는 방문한 적이 없었는데 새로운 기회에 1박2일 트레킹 일정으로 이곳에 방문하게 되었다.

서울에서 새벽 일찍 출발한 터라 통영에 도착하자마자 허기부터 채우기로 했다. 관광객들이 많이 찾는다는 중앙시장보다 현지인들이 즐긴다는 서호시장 근처로 향했다. 장어나 잡어로 육수를 내 시래기를 넣어 푹 끓인 시락국과 졸복(복어의 한 종류)에 콩나물을 곁들인 시원한 복국이 서호시장의 베스트 메뉴였다. 둘 중 회원들의 장거리 멀미에 더 좋을 듯해 복국을 먹으러 식당으로 발걸음을 옮겼다. 복국 안에 든 엄지손가락만한 크기의 졸복은 조금 애처로워 보였으나 한 숟갈 뜨면 아침의 피곤함이 싹 가실 듯한 국물의 시원함이 일품이었다. 반찬으로 나온 꼴뚜기 젓갈과 함께 하니 감칠맛이 배가 되었다. 이 식당이 농림수산식품부가 선정한 사랑받는 한식당 100선에 선정된 이유가 단번에 납득되었다. 우리는 젓갈을 몇 차례 더 먹고 난 후에야 먼 타지에서 느낀 낯설음을 조금 내려놓을 수 있었다.

　배를 든든히 채운 후 아름다운 욕지도로 출발하기 위해 삼덕항에 도착했으나 갑자기 불기 시작한 심상찮은 강풍과 높은 파도로 인해 출항이 지연되었다. 근처 카페에서 몇 시간을 기다렸을까. 모두가 잔뜩 기대를 하고 있었지만 출항 명령은 떨어지지 않았고 연기만 반복되다가 결국 오후 3시 넘어서는 출항이 아예 취소되었다. 비슷하게 지난해 울릉도에 들어갔다가 파도가 심해 나오는 배편의 운항이 중지되었던 경험이 떠오르며 신속하게 대책 마련에 돌입했다. 지금과 같은 상황에 한탄만 하고 있다고 대자연이 답을 주지 않는다는 것을 잘 알고 있었다. 이런 급작스러운 상황을 여러 번 맞닥뜨리며 유연한 자세로 생각하는 습관이 생겼다. 일단 통영 출신인 지인에게 연락해 급히 근처에 숙소 예약을 부탁했다. 주말이라 예약이 만석인 상태에서 우리 스스로 해결하기에는 한계가 있어 부득이 지인의 힘을 빌렸다. 그리고 마침 숙소 근처에 있던 조선 군선 거북선 3척과 판옥선 1척을 돌아보며 지난 한산도대첩 역사기행에서 배운 내용들에 대해 대화를 나눴다. 임진왜란 당시 왜군은 평양성을 점령한 뒤 조선 진영에 서한을 보내 "곧 서해안으로 10만 명의 군사가 당도할 것이니 임금은 이제 어디로 갈 것인가?"라고 물었다고 한다. 우리가 한산도대첩을 승리로 이끌지 못했다면 조선은 일본의 나라가 되었을 것이라며 판옥선 안에서 다들 소란을 떨었다. 한산도대첩은 다시금 생각해 봐도 전율이 느껴지는 전투였다.

아침까지만 해도 욕지도 트레킹을 계획하고 있었는데 강풍으로 바닷길이 막혀 생각지도 않은 이순신 장군의 거북선을 둘러보게 되었다. 역사기행을 하다 보면 우리나라 및 근접 국가들의 역사와 경쟁력에 대해 자세히 들여다보게 된다. 또 거기서 더 나아가 자기 자신을 돌아보고 자신의 위치를 냉정하게 파악하는 연습을 한다. 잉카 제국은 8만 명에 달하는 군대를 가지고도 180명밖에 되지 않는 스페인 군사들에 의해 무너졌다. 자신들의 국가 이외에 국제정세에 대한 정보를 전혀 갖고 있지 않았기 때문에 대응할 수가 없었던 것이다. 전쟁 없는 편안함의 타성에 젖어 일본에게 속수무책으로 당한 임진왜란 때의 조선과 국제 정세에 무지해 식민지가 되어 버린 대한제국처럼 변화에 빠른 속도로 대응하지 못하면 쉽게 무너질 수밖에 없다. 회사를 운영할 때도 현재의 상황에 안주해 아무것도 준비하지 않는다면 미래엔 경쟁사로 인해 엄청난 피해를 입을 것이라는 진담 섞인 농담을 하며 여행과 역사기행의 필요성에 대해 다시 한 번 강조했다.

 저녁은 지인의 소개로 작지만 현지 느낌이 가득한 횟집으로 예약해 두고 미륵산 통영 케이블카로 향했다. 원래는 욕지도 트레킹을 마치고 나오면서 들를 곳이었는데 강풍으로 계획이 틀어져 급히 일정을 바꿨다. 서쪽 너머로 막 한려수도의 붉은 노을이 넘어가고 있었다. 바다 위를 온통 붉게 물들이는 물감 같은 노을을 바라보며 잠시 사색에 빠졌다. 6백 년 전 임진왜란 당시 이곳은 노을 대신 왜구의 피로 붉게 물든 곳이다. 시신이 가득한 바다에서 살아남은 자들은 적선을 타고 한산도로 피신해 미역을 먹으며 버티다 13일 만에 겨우 탈출했다고 한다. 적이지만 그들도 누군가의 아버지, 아들 그리고 남편이었을 텐데 이역만리 타국에서 비참하게 굶어 죽고 바다에 수장되어 죽다니. 이 업보는 몇 세대를 거쳐 남을 것이다. 전쟁은 누구를 위해서 행해지는가? 몇 백 년 전 일이지만 현재도 지구 어느 곳에서는 전쟁이 벌어지고 있다.

잠시 그런 생각들을 하다 어느새 도착한 전망대에 내려 저무는 노을을 바라보며 생맥주를 한 잔 했다. 쉽게 볼 수 없는 아름다운 풍경에 다들 들떠 떠들기 바빴다. 여행은 이렇게 사람을 완전히 무장해제 시킨다. 악보의 쉼표가 명곡을 만들 듯 바쁜 일상 속 여행은 우리의 인생을 더욱 가치 있게 만들어준다.

이튿날 첫 배를 타고 1시간 정도로 달려 드디어 욕지도로 들어갈 수 있었다. 전날 강풍이 있던 탓에 이날은 구름 한 점 없이 맑았고 하늘이 푸르러 어제의 답답함에 대해 사과하는 듯했다. 넓게 펼쳐진 바다를 바라보다 옆을 보니 새우깡으로 갈매기들을 유혹하고 있는 지인들이 보였다. 가까이 날아오는 갈매기를 자신의 얼굴과 함께 카메라에 담기 위해 수십 번 시도하고 있는 모습을 보니 웃기기도 했지만 한편으로는 씁쓸한 기분이 들었다. 인간이 저지른 환경오염은 북극곰에게는 자해를 유발할 정도로 심각하다. 빙산이 녹으며 3만 종류 이상의 바이러스가 쏟아져 인간들에게 다시 돌아온다는 시사뉴스를 볼 때마다 마음 한구석에 미안함이 자리잡았다. 동물들은 그저 자연 그대로 살아가야 하는데 갈매기는 인간의 음식을 먹고 비대해지고 있는 것이다.

　욕지도에 도착하니 가장 먼저 싱싱한 고등어회를 파는 작은 포장마차가 우리를 반겼다. 커다란 수족관에는 날쌘 고등어 수십 마리가 떼를 지어 헤엄치고 있었다. 욕지도는 우리나라 최초로 참치를 양식한 섬이다. 그 참치 먹이로 고등어도 양식한다. 얼른 소주 한 병과 고등어 몇 마리를 주문했다. 비리지 않고 고소하고 담백한 그 맛이 지금도 입안에 맴돈다. 순식간에 해치우고 몇 마리를 추가 주문한 뒤에서야 술을 곁들이며 여행에서 음식의 중요성을 새삼 깨닫게 되었다.

먹고 마셨으니 이제는 걸어야 할 시간, 포장마차를 나와서 천황산 모노레일을 탄 뒤 해안 절경을 따라 걸었다. 펠리컨 바위와 세 군데의 출렁다리는 새로운 명소였다. 협곡 사이로 파도가 부서지는 소리와 함께 불어오는 시원한 바닷바람은 마치 이탈리아 어느 바닷가에 와 있는 듯한 느낌까지 들게 했다. 이 정도면 세계 어디에 내놓아도 손색없는 트레킹 코스라는 생각이 들었다. 몇 해 전 걸은 세계 100대 트레킹 코스인 홍콩 드레건스 백 트레킹 길과 비교해 봐도 욕지도 코스가 몇 배 더 아름답다고 자신한다.

4시간 정도 코스를 걸은 뒤엔 '게새키 짬뽕'을 먹었다. 놀랍게도 실제 음식명이다. 욕지도의 유명한 맛집 코스 중 하나로 꽃게, 새우 그리고 키조개를 넣은 짬뽕을 줄인 말이다. 이 맛 역시 지금도 잊지 못한다. 통영 앞바다의 신선한 재료들로 만든 짬뽕은 세상 어느 짬뽕과도 비교가 되지 않을 맛이었다. 1박2일 일정 중 1박을 이미 통영에서 소진해버려서 유명한 삼형제 바위섬 등 화려한 절경들을 천천히 느끼지는 못하고 빠르게 걷고 나왔는데, 때문에 욕지도는 지금도 기회가 되면 다시 가보고 싶은 장소 중 하나다. 그만큼 매력이 넘치는 섬이다.

'백구과극(白駒過隙)'이라는 말이 있다. 문 틈으로 흰 말이 휙 지나 가는 모습이라는 뜻이다. 통영과 욕지도 트레킹 여행은 그렇게 빠 르게 끝나버렸다. 하지만 추억은 사진으로 남고 머릿속에 깊이 남 아 아직도 꺼내 볼 수 있다. 오랜 세월이 지나도 기억에 남는 장소 처럼 나 또한 진하게 오래 남는 사람이 되고 싶다는 생각을 했다. 다시는 만나고 싶지 않은 사람이 된다면 인생을 헛되게 살았다는 의미가 아닐까. 타인에게 언제나 선한 영향력을 끼쳐 다시 찾고 싶은 사람이 되도록 오늘도 나 자신을 되돌아본다. 욕지도 트레킹 의 추억처럼 말이다.

## 25

# '나'를 다스리는 법

비가 추적추적 내린다. 절 처마의 풍경 소리도 왠지 애처롭다. 오만 가지 생각을 내려놓기 위해 돌입한 명상인데 오히려 잡생각들만 떠올라 창문을 열어젖히고 빗소리에 생각의 흐름을 맡겨 본다. 1년에 한 번씩 지인들과 독서토론회 겸 마음수련을 위해 절을 찾은 지도 벌써 몇 해가 지났다. 이번에는 충남 예산의 천년고찰 수덕사를 찾아왔다.

이곳에 도착하기 전 영화 〈명당〉에 나오는 가야사 옛터를 먼저 찾아갔다. 명당을 밟은 후 가야산을 등산하기 위해서였다. 가야사 터는 흥선대원군이 당시 조선 최고의 지관이었던 정만인에게

"만대영화(萬代榮華)를 누릴 이대천자(二代天子)가 날 명당자리를 찾아라" 하여 찾아낸 곳이다. 대원군의 부친 남연군 이구의 묘를 이곳에 이장하면 2대에 걸쳐 왕이 나올 것이라 했다고 전해진다. 그 말에 대원군은 그 자리에 고려 때부터 존재했던 가야사를 불태워 버린 뒤 연천군에 있던 부친의 묘를 이장해 왔다. 덕분인지 철종과 고종 2명의 왕을 만들어냈지만 결국 조선이 망하는 데에도 일조했으니 이 또한 아이러니하다.

　가야사 옛터에 도착해보니 크고 작은 석재들만이 그곳이 한때 가야사였음을 말해주고 대신 남연군 묘가 자리를 차지하고 있었다. 워낙 유명한 명당이라 전국의 지관들이 아직도 많이들 찾아온다고 근처 슈퍼 주인이 하는 말을 들었다. 100m 정도 밖에는 비교적 멀쩡한 석불입상이 하나 있었는데, 머리에 보관을 쓰고 소불을 새긴 것으로 보아 관세음보살로 보였다. 원래 가야사를 바라보고 있던 이 불상은 가야사가 불타고 나자 등을 돌렸다고 전해진다. 자신들의 부귀를 위해 절을 불태워 버린 업보는 후손들에게 전해졌을 것이다. 그 업보를 과연 어떻게 갚아 나갈 것인가.

'카르마(karma, 業)'는 '업' 또는 '업보'라는 뜻이다. 주로 불교에서 윤회사상과 관련이 있는 단어다. 예를 들어 폐쇄공포증이나 물 공포증이 있는 건 전생에 탄광 같은 곳에서 갇혀 죽었거나 물에 빠져 죽어 그 업이 다음 생에도 남아 있다는 것이다. 이런 예시는 황당해 보일 수도 있겠지만 물리학적으로 우리가 악행이나 선행을 하는 모든 행동은 다 파동이고 에너지다.

그 에너지는 자신에게는 물론 주위 사람들과 자식에게도 영향을 끼친다. 파동은 유사한 것들끼리 뭉치기 때문에 선행으로 주위를 기쁘게 했다면 그 에너지는 저장되거나 반복된다. '유유상종'은 이를 두고 하는 말이다. 수천 년 전부터 선조들은 과학적으로 증명하진 못했어도 이익을 좇지 않는 봉사, 혹은 불교에서의 보시와 같은 행동은 결국 자신을 이롭게 하는 행동이라는 걸 이미 알고 있었다.

터만 남은 가야사에서 쓸쓸함을 느껴 이곳을 불태운 흥선대원군의 업보에 대해 잠시 토론한 뒤 가야산으로 올라갔다. 팔만대장경으로 유명한 해인사가 있는 합천 가야산이 훨씬 더 잘 알려져 있지만 여기는 607m 정도의 비교적 누구에게나 산행하기 쉬운 서산 가야산이다. 합천 가야산의 멋진 소나무길 같은 곳은 없지만 아스라이 보이는 앞바다의 풍경이 은은한 서산 가야산도 충분히 매력적이었다.

등산을 마친 후 가야산 입구에서 서산 막걸리로 목을 축이니 명당이 따로 없고 내가 앉은 바로 이 자리가 바로 명당이라는 생각이 들었다. 원래부터 타고난 명당자리도 있는 법이지만 내가 만들어갈 수도 있지 않을까. 흔히 사주는 바꿀 수 없어도 팔자는 행동에 따라 얼마든지 바꿀 수 있다고 한다. 사주명리는 개개인의 삶의 변화를 어떻게 움직이는가 하는 '행(行)'의 문제이기도 하다. 이미 타고난 사주 탓을 하기보다는 선행으로 좋은 업을 쌓아가야 한다. 그러면 내가 있는 그 자리가 바로 명당이 되지 않겠는가.

잠깐의 업에 대한 토론을 마무리하고 수덕사로 향했다. 코로나 이전이고 절도 꽤나 컸기에 템플스테이에 참여한 사람들도 꽤 많았다. 예전에는 정치인들이 독재나 매스컴을 피해 은거하는 장소이기도 했던 절이 이제는 승려가 아닌 일반인들이 바쁜 일상을 벗어나 고요한 산사에서 휴식을 취하거나 수련하는 곳이 되었다. 내가 템플스테이를 매년 챙기는 이유도 이와 같다. 복잡한 도시와 눈코 뜰 새 없이 바쁜 일상에서 벗어나 하루쯤은 평화로운 자연에서 나 자신을 다독이고 싶기 때문이다.

수덕사에 도착하여 절에서 제공하는 옷으로 갈아입었다. 펑퍼짐하고 멋없어 보이지만 편했다. 주머니도 없어 뭘 들고 다닐 수도 없지만 이곳에서 무엇을 들고 다닐 필요가 어디 있겠는가. 모든 걸 내려놓으려고 찾은 곳이 절인데……. 군복을 입으면 각 잡힌 군인의 자세가 되듯 절 복장을 갖추니 사람들의 말수가 적어지고 절로 숙연해지는 듯했다.

템플스테이 관리자의 설명을 들은 후 각자의 짐을 정리하고 나와 저녁 공양을 시작했다. 절에서는 식사를 '공양'이라고 부른다. 단순히 밥 먹는 행위가 아니라 식사 자리까지도 몸과 마음을 정갈히 하고 공경하는 마음과 정성스런 마음을 다해야 하기 때문이다. 그리고 나서 대웅전에 들어가 예불을 시작했다. 108배를 할 때에는 그 의미를 낭송해가며 한 배씩 절을 했다. 한 구절마다 의미가 커서 사전에 나눠준 염주알 속에 그 의미를 담아 하나씩 끈으로 엮어 갔다. 옷에서부터 공양, 예불, 그리고 염주알까지 물건과 행동에 나를 돌아보고 정성을 다하는 의미가 새겨져 있음을 알 수 있었다. 스스로의 생각과 태도를 곱씹듯 하며 참여했다.

예불이 끝나고 주지 스님과의 차담 시간도 가질 수 있었다. 따뜻한 차를 마시며 가만가만 대화를 나누는 시간 역시 마음을 차분하게 해 준다. 스님과의 대화가 끝난 후 독서토론 시간을 따로 가졌다. 템플스테이에서의 독서토론은 법화경이나 법정스님 등 불교와 관련된 주제의 책으로 하고, 서로 의견이 달라도 흥분하지 않고 차분히 대화하는 연습을 한다. 장소가 장소이니만큼 여느 때보다 낮은 톤으로 의견을 나누고 서로의 말을 경청하는 모습을 볼 수 있었다. 그런 뒤 10시가 다 되어 비로소 잠자리에 들었다. 어떤 절에서는 행사 뒤 맥주를 한 캔씩 허락해주는 곳이 있지만 대부분 허용하지 않고 또 되도록이면 가져 가지 않으려 한다.

달콤한 잠도 잠시 새벽 예불은 새벽 3시 30분에 진행됐다. 기독교인은 참여하지 않았다. 나는 종교가 없기도 하지만 가능한 모든 행사에 참석해 다양한 매력을 느껴 보려 하기에 이번에도 새벽에 겨우 일어나 참선을 시도해 보았다. 평소에도 하루 10분이나마 명상을 하는 습관을 가져 보려 노력하지만 항상 잡생각 때문에 실패한다. 대신 명상호흡법은 일상생활에 백분 이용하는데, 특히

화가 날 때 유용하다. 입을 사용하지 않고 코로만 깊게 들이쉬고 내쉬는 복식호흡은 폐에 남아 있는 이산화탄소를 내보내는 호흡법이다. 몸 안의 독가스를 내보내는 동시에 생각 속의 독 또한 빼내면서 금방 차분하게 이성적으로 상황을 바라볼 수 있게 한다.

템플스테이를 가면 설거지는 항상 내가 도맡아한다. 물론 단체 워크샵이나 여행을 가도 설거지와 이불 개기 또는 청소 담당이 된다. 이유는 단 하나, 좋은 업을 쌓기 위해서다. 선행으로 내 에너지를 바꿔 보자는 속셈이다. 어쩌면 다시 만날 일이 없을 사람들이든 항상 곁에 있는 사람들이든 내게 '고맙다'란 말을 던지고 가면 내 주변엔 '고마운' 에너지가 켜켜이 쌓인다. 작지만 꾸준한 선행으로 언젠가는 내 주변의 향기가 좋아질 것이고, 그 향기가 다시 나에게 되돌아올 것이다. 시간이 걸리겠지만 언젠가는 반드시 긍정적인 결과로 돌아올 거라 믿는다. 집에서도 화장실과 집안 청소 등 골치 아프고 번거로운 일은 수십 년째 내가 담당하고 있다. 'Give&Take'가 아니라 'Give&Give'가 내 전략이다.

새벽 예불과 아침 공양 그리고 설거지를 끝내니 어느 새 오전 11시가 다 되어 수덕사를 나섰다. 아쉽지만 한결 가벼워진 마음을 안고 돌아오는 길에 수덕사 일주문 근처의 수덕여관에 들렀다. 근대 신여성의 대표인 김일엽 스님과 나혜석 화가가 거주한 곳이다. 그들은 당시 가부장적이고 남성우월주의적인 시대상에 극렬히 저항한 이들이다. 그러다 피로감을 느낀 것일까. 그들은 어떻게 속세를 버리고 입적을 결정하게 되었을까. 현대의 남성으로서 그들이 느꼈을 분노와 절망, 그리고 대화를 상상해 보며 1박2일 간의 템플스테이 일정을 마무리했다.

  짧은 이틀 동안의 평화였지만 이런 행사는 보통의 여행과 다른 색다른 느낌을 줌과 동시에 도시에서 오염된 마음을 조금씩 씻어 내 준다. 1년 간의 나를 돌아보며 다시금 명상하는 법을 배우고, 선행하는 마음을 익히며 빈손으로 왔다가 빈손으로 가는 '공수래공수거(空手來空手去)'의 겸손함을 깨닫는다. 이런 배움으로 '나'를 씻어낸다면 나의 아우라는 점점 더 밝은 빛을 낼 것이다.

제 3 부

인생을 리드하다

## 26

# '반(反)'의 성공

인생을 살아오면서 3명의 롤 모델을 찾았다. 첫 번째가 책과 여행의 습관을 알려준 유대인이고, 두 번째가 '선승구전(先勝求戰, 이겨 놓고 싸우다)'을 알려준 이순신 장군, 그리고 세 번째가 바로 노자다. 수년에 걸쳐 공자, 맹자, 장자 등 중국 고대의 철학서를 읽고 독서 토론회 회원들과도 여러 의견을 나눠본 끝에 나의 인생철학과 가장 잘 맞는 것이 노자의 사상임을 알게 되었다.

대한민국 학생들은 어릴 때부터 공자의 유교사상을 교육받는다. 스승의 그림자를 밟으면 안 되고, 부모를 하늘같이 섬기며, 선배를 깍듯이 모셔야 한다는 이런 가르침은 인의예지(仁義禮智)를 밝혀 예의 바른 사람으로 만들긴 하나 경직된 생각의 폐해도 만만치 않다. 주변에서도 윗사람의 지시가 부당하거나 윤리적이지 못해도 시키는 대로 하는 경우를 심심찮게 보곤 한다. 이런 문화가 한국을 빠르게 성장시켰지만 이제는 선진국 진입의 한계를 마주하고 있다는 게 많은 사회학자들의 지적이다.

특히나 교사의 말을 가만히 듣고 질문은 거의 하지 않는 우리나라 학생들의 수업태도가 큰 문제를 불러온다. 이를 개선하기 위해 회사와 가정에서 독서와 토론을 활성화하여 자신의 의견을 자유롭게 하는 문화도 만들었지만 여전히 많은 곳에서 일방적 교육이 이루어지고 있다. 회사에서도 직원이 수동적으로 시키는 일만 한다면 당장은 잘 돌아갈지 모르나 발전이 없을 것이다.

공자와 노자는 동시대 사람이다. 하루는 공자가 노자의 식견을 알고 찾아가 지식 경쟁을 하고자 했다. 제자들 앞에서 뽐내고 싶었던 것이다. 특히 공자는 당시의 통치 질서를 확보하고 귀족의 권위를 보장하기 위해 쓰였던 '예(禮)'의 개념으로 노자를 이기고 싶어 했다. 그의 첫 번째 질문은 "선생님, '예'란 무엇이라고 생각하십니까?"였다. 이 질문에 노자는 명쾌하게 "자네는 이미 지난 시대의 가치를 이 시대에 다시 펼치려고 하는가?"라고 답했다. 공자의 교만함을 꼬집는 대답이었다. 이에 공자는 돌아서며 "제자들이여! 오늘 나는 그 분을 만났는데 아마도 용(龍)이신 것 같다"라고 했다. 물고기나 새와 같이 어떤 짐승인지 헤아릴 수 있는 동물들에 반해 용은 범접할 수 없는 상상 속의 동물이다. 노자를 그런 용에게 빗대었으니 요즘 말로 KO패를 당한 것이다.

한 모임에서 나이 많은 어떤 대표가 나에게 "야", "너"라며 반말을 사용했다. 자신보다 직급이 낮다고, 나이가 어리다고 반말을 하는 행위는 윗사람을 하늘같이 모시는 유교사상이 왜곡된 결과다. 나는 골프와 술자리를 줄이고 독서토론과 등산으로 관심을 옮기면서 나이와 학벌로 서열을 나누는 환경을 지양하고 싶었다. 내가 운영하는 회사나 모임의 구성원은 모두 파트너라고 생각한다. 부하직원에게 지시를 하는 게 아니라 파트너와 함께 일한다고 생각하면 직원들은 자발적이고 능동적인 태도로 업무를 하면서 좋은 성과를 지속적으로 낼 수 있는 것이다.

노자의 '반(反)' 사상은 '역발상'을 강조한 것인데, 워렌 버핏의 투자 방식을 예로 들면 남들이 주식을 살 때 오히려 시장에 내다 파는 것이다. 10년 전 나는 사업 아이템을 크게 바꾸었다. 남들이 대량생산의 물살에 합류할 때 난 철저히 까다로운 기술과 품질이 요구되는 소량 다품종, 그리고 수출용 의료기 분야의 고객을 선택해서 거래하고 있다. 이것은 생각지도 못한 코로나 불황에서 살아남을 수 있는 기회가 되었다. 그 당시에는 무모한 결정인 것 같았지만 지금 보면 미래를 예측해 블루오션에 뛰어든 '반(反)'의 성공이었다. 남들 다 하는 것에서 벗어나 역발상만이 살아남을 수 있다는 생각으로 내린 결정이었다.

　내가 과거부터 실천해 오던 이러한 인생철학이 어느 날 만난 노자의 사상과 많은 부분에서 닮아 있었다. '진정한 인생은 비우는 것'이라고 노자는 강조했다. 살찌우는 것보다 빼는 게 어렵고 채우는 것보다 비우는 게 어렵지만 끝없는 욕심과 탐욕을 내려놓으려고 노력하다 보면 어느 순간엔 노자가 깨달았던 인생을 나 또한 이해할 수 있지 않을까.

## 27

# 타인을 먼저 향기롭게

CEO독서토론회에서 『환단고기』라는 책을 주제도서로 선정했을 때 회원들의 많은 반대가 있었다. 역사적 근거가 부족하여 학계에서는 위서로 선정된 책을 왜 토론 주제로 삼는지에 대해 의문을 가지는 듯했다. 하지만 최근 성균관대학교 이기동 박사를 포함한 여러 역사학자들이 물적 증거들을 찾아 『환단고기』가 위서가 아님을 밝혀내고 있다. 이 책이 '진서'라면 우리 역사 바로서기에 도움이 될 뿐만 아니라, 논란이 되는 난서로 토론을 연습할 수 있다면 그것 또한 굉장히 흥미로울 것이라 판단했다.

'한국의 민족정신은 무엇인가?' 외국인에게서 이런 질문을 받는다면 어떻게 답할 것인가? '백의민족', '단일민족'……. 떠오르는 단어는 몇 개 있지만 어떻게 설명해야 할지 막막하다. 이란 사람들이 페르시아를 그들의 자랑으로 삼고, 유대인이 선민사상을 기본철학으로 삼듯 우리도 이런 사상을 확립해야 한다. 이스라엘 민족이 2천 년 전 약속받은 땅 가나안을 되찾은 것은 이런 정신이 있었기 때문이다. 사실 우리에게도 이미 있다.『환단고기』속 '홍익인간', 즉 '세상을 널리 이롭게 한다'는 정신이 바로 그것이다. 하늘을 연 날을 기리는 개천절이 매년 돌아오지만 휴일을 즐길 뿐 그 의미를 아는 사람은 많지 않다. 개천사상은 '하늘을 연다(개천, 開天)와 '땅을 연다(개지, 開地)', 그리고 '인간을 연다(개인, 開人)'라는 의미로, '천지인(天地人)'을 모두 새롭게 한다는 개벽사상이다. 이런 위대한 사상을 가지고 있으면서도 왜 우리는 외면하고 있는가?

「단군세기」에는 "13번째 단군인 흘달 50년에 다섯 행성이 '루' 별자리에 모였다"는 뜻의 '오성취루(五星聚婁)'라는 말이 나온다. 역시 같은 책에 "10세 단군 노을 35년(BC1916년)에 처음으로 별을 관측하는 곳을 설치했다"고 기록하고 있다. 국가의 규모를 알 수 있는 대목이다. 천문대가 있다는 것은 황제가 있고 문명이 발달했다는 증거다. 현대의 과학으로 검증해 보면 조작할 수가 없는 정확한 자료다. 세계 상고사 어디에도 이런 천문대는 없었다.

  우리 역사교과서에는 곰과 호랑이가 마늘과 쑥을 먹고 사람이 되는 과정에서 곰만 사람이 되었다는 내용이 있다. 북방으로부터 내려온 이방인 환웅 부족이 세력을 확장하면서 곰 부족과 연합하고 호랑이 부족을 배제한 것을 상징하는데, 일제강점기를 거치면서 단군조선의 곰과 호랑이 부족이 단순한 신화로 바뀌었다. 이기동 교수는 "베트남전에 파견된 맹호부대 이야기는 수백 년이 흐른 후엔 호랑이가 파견 나간 것처럼 바뀌어 역사에 기록될 수 있다."고 말했다. 식민사학 카르텔이 너무나 강해 아쉽게도 이 부분에 대한 역사인식은 아직도 바뀌지 않고 있다. 일본 극우들은 실제로는 존재하지 않는 '임나일본부'라는 것도 만들어 자기네 것이라고 주장하는 판에 우리는 우리의 고대사가 담긴 『환단고기』를 위서라 하며 외면하고 있다니 참 안타까운 사실이다.

  사서삼경의 『주역』을 주제도서로 선정하면서 주역을 전문적으로 연구한 교수를 초빙해 강의를 들었다. 태호복희는 주역을 만든 사람이자 중국 역사의 자랑으로 잘 알려져 있다. 동양철학의 근간이라 불리는 『주역』은 적어도 기원전 5세기 이전에 완성된 것인데, 이런 주역을 만든 복희는 동이족이다. 태극기에도 태호복희의 음양오행 우주론의 기본 철학이 그대로 살아 있다. 많은 이들이 중국역사 속 인물로 알고 있는 복희와 치우천왕은 사실 배달(우리 민족을 칭하는 용어)의 영웅인 것이다.

CEO모임을 운영하면서 가장 우선시하는 내 모토는 '타인을 향기롭게 한다'이다. 그들에게서 향기가 나면 날수록 결국 나에게도 다시 그 향이 날아든다. 자신의 이익보다 먼저 남을 챙기기가 쉽지 않지만 조금만 멀리 내다본다면 이 '홍익인간' 정신이야말로 한국이 세계로 나아가는 데 가장 스마트한 슬로건이 될 것이라 본다. 세계 어느 나라에도 이만한 국가적 가치관이 없다. '널리 인간을 이롭게 하라'는 한 문장으로 외국인 누구를 만나도 쉽게 설명해 줄 수 있다. 이미 존재하는 이런 멋진 철학을 두고 외국의 것을 아무리 고쳐 쓴다 한들 빛이 나겠는가?

28

# 습관이 운명을 바꾼다

"사람이 습관을 만들고, 습관이 사람을 만든다."

영국의 극작가이자 시인인 존 드라이든의 말이다. 아침에 기상해서 하는 칫솔질은 스트레스를 받는 일 없이 거의 무의식적으로 한다. 하지만 책은 의식적으로 읽으려 해도 습관이 되지 않아 몇 번이나 산만하게 움직이고 딴생각을 한다. 휴일에 집에서 책을 집어들면 더욱 그렇다. 다시 침대에 눕고 싶고 드라마 생각이 절실하다. 이는 기존 TV 보는 습관이 무의식에 굳건하게 자리잡아 독서란 새로운 습관을 방해하고 흔들어 버리기 때문이다.

나는 이 상태를 벗어나야 했다. 내가 만드는 새로운 습관이 곧 새로운 '나'를 만들 수 있다는 생각에 책과 신문을 읽는 습관, 아침형 인간이 되는 습관, TV를 끊는 습관과 매일 저녁 지인들과 술 한잔을 하러 나가는 습관 등 새롭게 만들어야 할 습관과 없애야 할 습관을 하얀 종이 위에 정리해 보았다.

습관은 마치 철사를 꼬아 만든 쇠줄과 같다. 매일 가느다란 철사를 엮다 보면 나중에는 끊을 수 없는 튼튼한 쇠줄이 된다. 처음에는 작은 유혹에도 넘어갈 정도로 약하지만 원하는 행동을 반복하게 되면 그것은 끊을 수 없는 쇠줄이 된다. 지금 돌이켜보면 나의 경우도 정말 그랬다. 하지만 요즘은 퇴근해 집에 가면 TV를 일절 보지 않는다. 가족 중 누군가 TV를 켜 그 옆에 앉아 있다가도 어느새 방으로 가서 혼자 책을 뒤적인다. 하루라도 활자로 된 문장을 읽지 않으면 마치 안중근 의사가 말한 것처럼 입안에 가시가 돋는 듯하다. 식사 후 이를 닦지 않으면 찜찜하듯이 말이다.

뇌는 200억 개의 세포들로 이뤄져 있다. 그 세포들은 또 2만 개 이상의 다른 세포들과 연결되어 있다. 우리가 신문과 책을 통해 입력하는 정보들이 이런 세포들의 조합을 통해 새로운 아이디어로 생성되고 통찰력 또한 높아진다. 반대로 바보상자인 TV를 멍

하니 보고 있을 때의 나는 스스로 생각하는 게 아니라 TV에 의해 생각하고 있을 뿐이다. 그렇게 수년의 세월이 흐른다면 뇌세포가 노화되어 쉽게 치매를 유발하거나 뇌의 활성도가 떨어져 언어 조합에 문제를 일으킬 수도 있다. 이것이 내가 수많은 좋은 습관들 중 독서하는 습관을 유독 강조하는 이유이기도 하다.

특히 중요한 습관은 머리가 아닌 몸으로 기억해야 한다. 책으로 유럽여행을 아무리 많이 했을지라도 금세 잊어버리지만 두 발로 직접 로마, 파리를 돌아다닌 사람은 이를 평생 잊지 못한다. 또 자전거 타기를 몸으로 배운 사람은 수년째 자전거를 타지 않아도 타는 방법을 잊어버리지 않는다. 이미 몸에 배어 버렸기 때문이다. 새가 알을 품는 시간은 21일이라고 한다. 엄마가 아이를 낳고 산후조리를 21일 동안 하는 이유도 같은 맥락이다. 교통사고로 오른쪽 다리가 절단되어 21일간은 다리가 있는 줄 알고 자꾸 헛디딘다고 한다. 습관 또한 자연과학의 법칙과 연결되어 있다. 습관을 새롭게 바꾸려면 적어도 21일간은 버틸 필요가 있다. 담배를 끊을 때도, 독서 습관을 가지려 할 때도 적어도 21일간은 같은 행동을 반복해야 한다.

독서를 할 때 집안이 온통 난장판이면 집중력이 떨어진다. 하지만 귀찮아도 몸을 움직여 청소를 깨끗이 하고 나면 어느새 몸은 상쾌해지고 독서 집중도는 한 단계 높아진다. 어떠한 습관을 만들 땐 나 자신의 태도도 중요하지만 온도와 방 상태 등의 주변 환경도 큰 영향을 끼친다는 것을 기억해야 한다.

"지금까지와 같은 습관을 계속 가지고 있다면 똑같은 결과만 나온다." 정신의학자이자 철학자인 조셉 머피는 이렇게 말했다. 결과를 바꾸고 싶다면 습관을 개선하는 것이 우선이다. 이를 위해선 유체이탈을 하듯 제3의 관찰자로서 나를 바라보는 연습을 하거나, 타자를 통해 코칭을 받는 것도 좋은 방법이다. 나 같은 경우는 독서를 통해 저자의 행동과 나 자신을 비교하는 훈련을 수없이 한다. 예를 들면 20년 전 읽은 의학책을 통해 매일 밤 술을 마시는 습관과 오래 TV 보는 습관 그리고 휴일에 집에서 잠만 자는 습관이 얼마나 우매했는지를 느낄 수 있었다. 특히 술 잘 마시는 회사 임원들이 암으로 사망한 결과는 충격적이었다. 하지만 아무리 충격적이라 해도 상황을 인지하는 것만으로는 술을 줄일 수 없었다. 이미 습관이 되어버린 탓에 저녁이 되면 술친구에게서 전화가 오기를 은근히 기다렸고, 그게 아니면 주위에 전화를 걸어 한잔 하자고 하는 내 모습을 발견할 수 있었다. 결국 생각만이 아닌 실제 행동을 고치는 게 필요했기에 등산이나 독서로 그 자리를 대신 채워 나갔다. 이 습관과 싸운 건 21일이 아닌 수년의 시간이 걸렸지만 결국 10분의 1 수준으로 줄인 술과 대신 얻은 새로운 습관은 내게 가벼운 몸과 건강을 선물해주었다.

'훈습(熏習)'이라는 말이 있다. 옷은 원래 향기가 없지만 향료를 함께 두면 옷에 향이 밴다는 의미이다. 좋은 스승 또는 친구를 두며 행동을 따라하는 것과 같다. 친구 따라 강남 가듯 친구의 행동을 모두 따라할 수 있도록 주위 환경을 바꿔 보는 것이 좋다. CEO모임을 하다 보면 다들 라이딩, 스쿠버 다이빙, 바둑, 해외 트레킹, 독서 등 다양한 취미활동을 하고 있음을 발견하게 된다. 그중 좋은 습관이라고 여기는 행동들을 벤치마킹해 적절히 받아들여 체득화 한다. 좋은 습관을 가진 사람들과 1~2년 모임을 하게 되면 자연스럽게 그 향기가 내게도 배이게 되는 것이다.

백만 불짜리 습관을 만들기 위해 마지막이자 가장 중요한 단계는 부정적인 사고를 지우는 것이다. 어떤 프로젝트를 기획할 때

늘 부정적인 생각이 먼저 떠오른다. 잘되는 그림보다는 실패할 그림부터 먼저 떠오르는 습관이 있다. 어릴 적부터 '~하지 마라', '~을 조심해라' 등 이런 투의 말을 부모님으로부터 들으면서 자란 탓이다. 통상 한국 부모들은 자식에게 각지게 살지 말고 둥글게 살라고 가르친다. 이에 반해 유대인은 '유니크' 또는 차별화하라고 가르친다. 출발점이 상당히 다르다. 우리는 튀지 않게 자랐고 비슷하게 섞여야 타인에게 손가락질을 받지 않는다. 이런 습관을 고치기 위해 타인의 장점을 찾아 차별화하거나 사물을 긍정적으로 바라보는 훈련을 매번 실시한다. 동료나 직원을 바라볼 때 그들의 단점이 아닌 장점을 찾기 위해 애쓴다. 능력이 부족하다, 옷차림이 왜 그 모양이냐, 말투가 왜 그러냐가 아니라 오늘은 넥타이가 멋지다, 이 부분은 참 잘했다 등 가능하다면 장점을 찾는 연습을 하고 말투와 사고를 긍정적으로 하기 위해 노력한다. 우주는 부정어를 사용하거나 생각하면 그것에 공명하여 부정적인 사건들을 끌어다 보여 준다. 우리가 흔히 알고 있는 '머피의 법칙'이다. 하지만 긍정적인 단어를 사용하게 되면 주위가 따뜻하게 변한다. 따뜻한 커피의 온기가 면접관의 생각을 따뜻하게 바꾸듯 긍정적인 단어를 사용하는 어휘는 긍정적인 결과를 끌어낸다. 우리가 부정적인 말투 습관을 바꿔야 하는 이유다. 각종 모임에서 내가 이런 말투를 활용한 지는 꽤나 오래됐다. 혹시나 다른 사람이 내게 날카로운 말을 던지거나 시비를 걸어와도 참으려 하지만 임계치를 넘으면 나도 모르게 같은 말투로 화살처럼 쏘아버리곤 한다. 습관의 고수가 되기 위한 길은 험난하다.

습관은 일종의 운용 프로그램과 같다. 같은 행동을 반복하거나 말을 할 때 우리 몸에 잠재력으로 남는다. 유도로 단련된 술 취한 사람이 기차에서 실수로 떨어져도 낙법을 사용해 크게 다치지 않는 것은 평소 훈련된 습관 때문이다. 자전거를 타거나 피아노를 칠 때 처음에는 익숙하지 않더라도 반복되는 훈련으로 몸은 자연스럽게 적응하게 된다. 즉 최소한의 에너지로 최대의 성과를 낼 수 있게 되는 것이 습관이다. 비록 책 읽는 습관이 처음에는 거북하고 졸리더라도 꾸준한 반복으로 체화한다면 무의식적으로 습관이 내 몸을 자동으로 운용하게 된다. 거꾸로 담배 피우는 습관이 남아 있다면 언제든 끊임없이 손가락은 담배를 찾게 될 것이다. 나는 2003년 회사를 창립하게 되면서 가훈으로 쓰던 '성공은 좋은 습관이다'를 공식 사훈으로 사용하고 있다. 이후 타자에게서 발견한 좋은 습관을 내 것으로 만드는 '좋은 습관'을 가지게 되었다. 올해는 좋은 기회에 글쓰기를 가르치는 작가를 만나게 되면서 이를 흉내 내어 보고 있다. 글쓰는 새로운 습관을 만들려 하니 습관적 저항이 만만치 않다.

# 29

# 내 몸의 미래를 지키는 습관

어머니는 암 진단을 받은 후 몇 개월 동안 강원도 고향집 작은 방에서 혼자 사투를 벌였다. 그러다 세상이 무너진 듯 결국 당신의 병에 굴복하고 말았다. 소화가 안 돼 찾은 작은 시골병원에서 큰 병원 방문을 권유받았고, 그 후 서울 대형병원에서 진단받은 병명이 위암이었다. 청천벽력 같은 말에 가족들은 절망했지만 그대로 포기할 수는 없었다. 한국인의 3분의 1이 암으로 사망한다는 통계치를 어디서 본 적이 있었는데, 그중 하나가 내 어머니라니.

우선 형제들이 모여 수술을 할지 자연치료를 먼저 시도할지 의논했다. 물론 어머니의 결정이 가장 중요했지만 전문적 지식 없이 혼자 판단하기는 무리라 의논이 필요했다. 형제들은 어머니가 수술을 받으면 나이도 있고 앞으로 병원에만 틀어박혀 고생할 것을 걱정해 자연치료를 시도해 보길 원했다. 대형병원 직원이었던 아내는 단호하게 수술을 주장했다. 얼른 수술 날짜를 잡아서 위를 절제하고 암세포를 제거하자는 것이었다. 아내 말을 들었어야 했다. 하지만 그때의 나는 형제들의 의견을 따르기로 했다. 나 스스로가 몇 년간의 습관 성형으로 건강해지는 과정을 직접 경험하기도 했고, 그보다는 어머니가 아무것도 못하고 병원에만 있을 모습이 눈에 밟혀 자연치료를 결정했다.

그동안 읽은 의학책 속 지식을 총 동원해 수술 대신 최대한 암의 원인을 제거하자는 생각이었다. 혈관 속 적혈구는 산소와 영양분을 세포에 공급해야 하는데 사람이 살이 쪄 혈관이 막히면 세포는 산소 대신 이산화탄소 대사를 한다. 이것을 암세포라고 부르는 것이다. 어머니는 비만이었고 운동이 급선무였다. 하지만 어머니는 평생을 운동 없이 살아 왔기 때문에 쉽지 않았다.

두 번째는 햇빛이 필요했다. 지구상의 모든 동식물들은 대부분 햇빛에 큰 영향을 받는다. 식물들은 햇빛이 없으면 광합성 작용을 할 수 없어 산소 생산이 불가능하다. 인간 역시 마찬가지다. 면역력과 큰 관련이 있는 비타민D는 햇빛을 얼마나 쬐느냐에 따라 그 양이 달라진다. 비타민D는 세포의 증식과 분화를 조절하는 데 크게 관여하는데, 암세포의 증식을 억제하고 사멸시키는 데 큰 역할을 한다는 최근 연구 결과도 있었다. 일주일에 2~3회 10~20분씩만 햇빛을 쬐면 권장량을 충분히 채울 수 있는데 한국인은 그런 비타민D가 부족하며 어머니도 그중 한명이었다. 바쁜 일상에 쫓겨 가게를 운영하고 아이 넷을 키우기 바빴는데 언제 햇빛을 쬘 짬을 냈겠는가. 어머니에게 세상의 아름다운 것들을 최대한 많이 보여드리고 싶어 형제들이 여기저기 모시고 야외 활동을 했지만 뒤늦게 쬔 햇빛은 어머니 몸속 암세포를 사멸시키기엔 부족했던 듯하다.

세 번째는 숙면의 필요성이다. 사람은 잠을 자는 동안 면역기능이 활발해진다. 낮에는 식사를 하거나 걷는 등 활동을 하기 때문에 피의 공급이 몸을 움직이는 데 주로 쓰인다. 반대로 밤이 되면 이런 활동들은 모두 쉬고 부교감신경세포들이 활성화되면서 백혈구 등 면역기능을 키우는 세포들을 생산해 낸다. 그러므로 충분한 휴식을 취하지 않으면 면역력이 낮아져 백혈구가 새로 들어오는 각종 바이러스나 균을 제대로 잡아먹지 못하는 일이 벌어지는 것이다. 어머니의 경우에도 최근 갱년기를 겪으면서 10여 년간 밤에 충분한 숙면을 취하지 못했다. 암 발병을 알고 난 후 낮에는 형제들이 모시고 다니며 활동을 어느 정도 했으나 몇십 년간 겪어온 수면장애를 해결하기엔 역부족이었다.

수술을 미루고 자연치료를 진행하는 동안 사실 늘 마음이 편치 않았다. 내가 의사가 아니라는 사실이 제일 마음아팠다. 어머니도 생각대로 움직여 주지 않았다. 혹시라도 고향에서 전화가 오는 날이면 가슴이 쿵하고 무너지는 듯했다. 9개월 되던 어느 날 아버지의 긴급 전화가 날아왔다. 어머니가 음식을 토했는데 피가 다량 섞여 나와서 빨리 병원을 가봐야겠다고 했다. 얼른 고향 근처에서 119를 수배해 아내가 근무하는 병원으로 모셔왔다. 3일간 응급실에서 여러 가지 진료를 진행하는 동안 주치의와 만남을 가졌다. 첫 질문이 "왜 수술을 하지 않느냐"는 질문이었다. 거기다 병원에 근무하는 아내 동료 직원들은 나를 마치 이상한 종교인 취급하는 투로 말했다. 뭘 믿고 수술을 하지 않고 민간치료를 하는 것이냐는 질타였다. 나의 하찮은 의료지식을 믿고 수술을 미뤄온 내 자신이 갑자기 무기력해져 버렸다. 어머니도 수술을 내심 바랐고, 결국 조금 늦었지만 수술을 하기로 했다.

그 사이 응급실에서는 매일 먹는 아스피린이 피를 묽게 해 음식을 토하는 동안 위 핏줄 일부분이 터져 피가 섞여 나왔다는 진찰 결과가 나왔다. 의외의 결론이었지만 이미 주사위는 던져졌고, 그렇게 수술이 단행되었다. 내가 어머니였다면 살을 빼고 근육을 늘리면서 햇빛을 다량 쬐고 충분한 수면을 유도했겠지만, 어머니는 이미 그런 습관이 없었고 노력도 하지 않았다. 9개월 간의 자연치료에도 차도가 크게 없었다. 어머니는 당신의 몸 안에 암이 있다는 사실이 너무도 두려웠을 것이다. 수술로 제거해 버리면 모든 것이 해결될 것으로 생각하는 단호한 어머니의 모습에 수술이 진행되었고, 몇 시간의 대수술이 끝나고 면회인 한 명만 들어갈 수 있는 중환자실에서 본 어머니의 모습은 충격 그 자체였다. 어릴 때는 세상의 모든 것을 짊어지고 있는 듯 태산 같은 어머니였는데 그때 본 어머니는 세게 잡으면 부서질 듯 약해 보였다. 아직도 그때의 어머니 모습을 떠올리면 눈물이 고인다. 손님이 오면 고기를 몇십 근, 잡채를 한 대야 준비하던 풍채 좋은 어머니는 수술 후 그렇게 좋아하던 단팥빵 하나도 잘 먹지 못할 정도로 말라가다 결국 돌아가셨다. 그저 어떻게든 오래 살아계시겠지 하는 마음에 서울에 아파트를 빌려 모셨는데, 그보다는 우리 집에 모시고 매일 뵙지 못한 것이 여전히 후회된다.

  그렇게 어머니가 돌아가시고 4년 후 아버지도 폐암 진단을 받았다. 탄광일을 많이 했던 이유로 진폐였을 줄 알았는데 폐에 혹이 하나 자라고 있었다. 이번에는 심장이 나빠 수술이 불가했기 때문에 어쩔 수 없이 자연치료 병원을 수배해 주 1회 비타민 복용과 온열치료를 받은 뒤 다시 장흥으로 모시고 숯가마에서 5시간 같이 원적외선 빛을 쬐었다. 새빨간 불빛의 따뜻한 열기도 좋았지만 특히 원적외선 효과는 말기암 환자도 치료했다는 주변 사람들의 추천으로 1년 반 동안 진행했다. 어머니 때는 고향에 방치한 채 지켜 보았지만 이번에는 서울로 모셔와 주 1회 단 한 번도 빠트리지 않고 진행했다. 하지만 어느 날 아침 아버지는 나와 통화를 끝내고 심정지로 돌아가셨다. 정확히 말하면 암 때문이 아니라 심정지로 돌아가신 거라 어떻게 막을 수가 없었지만 부모님 두 분을 모두 암으로 보내드린 나는 더더욱 내 생활습관을 철저하게 관리하게 되었다. 이미 수술실에 들어가면 늦기에 평소 먹던 탄수화물을 줄여 뱃살을 줄이고 산을 못 가면 거실에서 스쿼트와 푸시업을 해서라도 근육을 늘리거나 유지하는 데 애썼다. CEO독서토론회에서도 『암의 진실』, 『암, 산소에 답이 있다』 등 질병과 관련된 도서를 매년 1회씩 읽고 토론을 진행 중이다. 독서토론 그리고 나 혼자만의 습관 성형에 끝나지 않고 주변 사람들을 이끌고 행동에 나서기도 한다. 바로 등산이다. 집 앞에도 낮은 대모산이 있어 스트레스가 커지거나 뱃살이 늘어나는 듯하면 바로 산으로 향한다. 숲속은 광합성 작용을 하는 나무들이 가득한 곳이라 도시보다 산소가 3~4% 가량 더 풍부하다. 나무 사이로 비타민D를 합성할 수 있는 햇빛도 쬘 수 있고, 음이온, 피톤치드 등 질병을 예방하고 치료할 수 있는 인자들이 사방에 있다. 몸의 치유도 정신의 치유도 가능한 곳이 숲이다.

  등산은 중력을 거스르기 때문에 종아리와 허벅지의 근육을 단련해 주기도 한다. 근육은 암을 예방하는 데뿐만 아니라 건강에 필수적이다. 일본에서는 당뇨병을 '시리가게루(しりかける(尻 欠る)', 즉

'엉덩이가 약해지는 병'이라는 뜻인데, 하체 근육이 없어 하반신이 약해지면서 생기는 병이라는 해석이다. 등산을 함으로써 근육은 열을 내고 혈액순환을 도우며 당을 소화하는 데 큰 역할을 한다. 내가 독서토론회를 운영하면서 회원들을 등산 모임으로 이끄는 것은 내가 아는 이런 정보들을 나누고 다같이 건강하여 다시는 주변 사람을 암과 같은 질병으로 잃지 않기 위함이다.

사실 이미 많은 이들을 질병으로 잃었다. 1998년 전 회사에서 모셨던 임원들 중에 두 분은 암으로 돌아가셨다. 과로도 하나의 이유지만 술을 매일 같이 마시던 직장 회식문화가 한몫 하지 않았나 싶다. 두 사람이 마시는 양은 엄청났다. 음주 관련 암 진단 환자 중 77%가 남성, 23%가 여성이었다는 결과와 이미 암으로 남성 지인들을 잃어본 나는 술을 10분의 1로 확 줄여버렸다. 술자리에 참석해도 역기 선수가 된 것처럼 술잔을 들었다 놓았다만 반복한다. 친구들에게 이런 습관으로 욕을 먹기도 하지만 이제는 모임의 목적이 술이 아닌 대화가 이어지게 한다.

암과 같은 질병에 걸리느냐 아니냐의 여부는 자신의 습관에 따라 달라진다. 물론 항상 건강한 습관을 유지하던 사람이 가족력으로 암에 걸리는 경우도 있지만 대부분은 자신의 몸을 자신이 가꿔 나갈 수 있다. 이런 습관은 하루 이틀이 아닌 수년 혹은 수십 년에 걸쳐 만들어진다. 적당한 양의 체지방과 근육량을 유지하고, 숲속에서 건강한 산소를 흡수하며 무엇보다 긍정적인 마인드를 가지는 훈련으로 몸은 물론이고 정신까지 가꿔야 한다. 이러한 좋은 습관들을 나만 아는 것에 그치지 않고 주위에 나눠 한 명이라도 더 많은 이들을 햇빛 밝은 숲속으로 이끌어내고 있다. 오늘도 미래에 발생할지 모를 질병들을 막기 위한 최소한의 노력이다.

30

# '아끼바 정신'에서 시작한
# 반복과 변화의 힘

'물이 바위를 뚫는 건 물의 힘이 아니라 물이 바위를 두드린 횟수다.'

1990년 직장생활 초기에 우연히 직장 상사로부터 유대인에 관한 책을 선물 받으면서 처음으로 인생에 롤 모델이란 것을 만들게 되었다. 『탈무드』를 읽고 하부르타 교육 방식을 배워가며 점점 유대인은 내 정신적 지주가 되었다.

그중 특히 내게 큰 감명을 준 '아끼바 정신'이란 것이 있다. 반복과 꾸준함의 힘을 알려준 이야기이다. 아끼바는 훌륭한 학자이자 랍비였다. 어린 시절 부잣집 머슴으로 일할 때 주인집 딸과 사랑에 빠졌는데, 곧 발각돼 딸과 함께 쫓겨났다. 딸은 바보 온달처럼 무지한 남편을 공부시키기 위해 학교에 갈 것을 권유했지만 아끼바는 마흔이 넘은 자신이 뭘 배울 수 있겠나 하는 생각에 매번 거절했다고 한다. 그렇게 양치기로 세월을 보내던 아끼바는 어느 날 개울에서 물을 마시려다 무심코 눈앞에 물이 흘러 떨어지면서 움푹 파인 바위를 보게 된다. 이 바위는 아끼바에게 큰 충격을 주었다. 물 한 방울은 느낌조차 안 날 정도로 약하지만 반복적으로 떨어지는 물방울은 바위를 뚫을 수도 있다는 것이다. 깊은 깨우침을 얻은 아끼바는 그 후 열심히 공부하여 훌륭한 학자가 되었다고 한다.

중국 고사에도 '수적천석(水滴穿石)'이라는 사자성어가 있다. '물방울이 바위를 뚫는다'는 뜻으로 꾸준히 반복한다면 작은 노력으로도 큰 성과를 낼 수 있다는 의미다. 이것은 내겐 보배와 같은 조언이 되었다. 나는 학창시절부터 학업에 큰 취미가 없어 영어단어 암기와 같은 공부에 어려움이 많았다. 공부가 안 되면 '이렇게 머리가 나쁜데 무슨 공부야' 하며 금방 포기해버렸던 기억이 난다. 하지만 나이를 먹어서야 깨달은 건 내게 끈기는 있다는 것이었다.

최근 대학이나 기업에 강의를 나가 90분간 특강을 할 때면 일부러 대본 없이 진행한다. 강의하고자 하는 내용을 수십 번 수백 번 반복해 머릿속에 전부 집어넣고 스스로도 완벽히 숙지한 상태에서 강의 진행을 하겠다는 의지가 있기 때문이다. 나의 머리는 믿지 못하지만 끈기는 믿는다. 실제로도 강의는 성공적이다.

외국어 습득도 같은 이치이다. 2개의 문장을 외우면 4개를 잊어버릴 정도로 암기력이 부족했다. 그래서 할 수 없이 무식하게 반복했다. 마치 자전거 타는 법을 책으로 공부하는 게 아니라 직접 타 보고 넘어져 가며 몸으로 배우면 아무 생각 없이도 능숙하게 탈 수 있게 되는 것과 같다. 수십 번의 반복으로 입에 익숙해진 언어는 머릿속에서 매번 번역을 거치지 않아도 저절로 문장을 알아듣고 만들어 낼 수 있게 된다. 남들이 한번에 이해하고 외우는 그러한 것들을 공부하는 데에 어려움이 있을 때마다 아끼바를 생각하며 정신적으로 큰 위안을 받는다. 꾸준하게 떨어지는 물방울은 바위를 뚫는다.

몸은 생각에 지배당하는 것만은 아니다. 귀찮고 힘들어 등산을 가기 싫다는 생각이 가득해도 일단 무작정 등산복으로 갈아입고 출발해 산을 걷고 나면 언제 오기 싫었냐는 듯 상쾌하다. 생각한 대로 행동하는 것이 아니라 몸에 밴 대로 움직이는 것이다. 술과 담배도 똑같다. 둘 다 몸에 나쁘다는 것을 이미 알고 있음에도 불구하고 자기도 모르게 습관처럼 담배에 불을 붙인다. 머리로만 알고 있는 지식들은 세상을 바꾸지 못한다. 세상을 바꾸는 리더들은 몸에 밴 행동지식을 많이 갖고 있는 사람들이다. 자전거 타기를 연습하듯 몸을 많이 움직여 습관화되고 몸에 익히면 오히려 습관이 정신을 이기게 된다.

반복의 힘은 이처럼 강하지만 성공하기 위해선 한 가지 더 더할게 있다. 바로 '변화'다. 『앎의 나무』를 쓴 움베르또 마뚜라나에 의하면 사람은 '오토 포이에시스(Auto Poiesis)', 즉 자기생성을 꾀한다고 한다. 모든 생명체는 다른 환경에서 수많은 또 다른 생명체들과의 끝없는 상호작용을 통해 어제와 다른 나로 자기변신을 거듭한다. 수많은 관계에 연결되면서 역시 수없이 많은 변화를 일으키고 에너지를 생성해 낸다는 것이다. 현재 운영하고 있는 등산모임도 회원들에게 등산의 습관을 만들어주기 위해 반복적으로 활동에 참여할 수 있게 하되, 프로그램에 변화를 주어 눈꽃 트레킹, 얼음 트레킹, 해외 트레킹 등 언제나 새로운 체험을 할 수 있게 하고 있다. 또 직원들을 교육할 때에도 자리에 앉혀놓고 일방적으로 주입하는 것이 아닌 각자 5분씩 발표를 먼저 하게 하는 등의 역동적인 교육을 진행한다. 처음엔 어색해하고 힘들어했지만 날이 갈수록 재미를 느끼고 적극적으로 새로운 아이디어를 내놓는 직원들이 많아지고 있다.

어떻게 하면 아이를 잘 키울 수 있을까 고민하는 부모들에게도 큰 힌트가 될 수 있다. 부모들이 일일이 챙겨 주어 그저 책상에 앉아 공부만 했던 아이들은 좋은 대학에 갈 수는 있으나 창의적인 리더가 되기는 어렵고 혼자 결정하는 법을 배우지 못하기 십상이다. 한국 학생들이 서양으로 유학을 떠나 질문과 토론이 활발한 수업에 적응하지 못하는 경우를 많이 볼 수 있는데, 어려서부터 떠먹여 주는 것만 받아먹어 비판적인 사고를 기르지 못했기 때문이다. 변화를 많이 겪어 보지 못한 아이들은 실패를 극복하는 데에도 약하다. 물론 아이들의 잘못은 아니다. 하지만 이제는 좋은 대학과 좋은 직장이라는 결과를 주는 것이 아니라 끊임없이 변화를 주어 창의적 사고를 키우고 실패와 역경을 스스로 극복하는 방법을 가르쳐 주어야 한다.

'패배'의 한자는 '敗北'라고 쓴다. '北'는 '북녘 북'으로 흔히 쓰이지만 여기선 '달아날 배'로 사용된다. 중국 역사에서 남방 국가가 북방 민족에게 지는 경우가 많아 이렇게 썼다고 한다. 북방 사람들은 추운 지역에 살고 항상 식량난을 겪는다. 기후에 대응해 생존하기 위한 싸움을 늘 하고 있는 것이다. 반면 남방 사람들은 온화한 기후의 식량이 풍부한 지역에 사니 일을 죽도록 하지 않아도 굶어 죽는 일이 없다. 이런 환경이 두 지역 간의 싸움에서는 늘 북방민족이 이길 수밖에 없도록 만든다. 끊임없이 일을 하는 동시에 어떻게 하면 살아남을 수 있을까를 고민하며 치열하게 살아가는 북방민족을 느긋한 남방민족이 어떻게 이길 수 있겠는가. 부자의 가장 큰 걸림돌은 과거의 성공이라고 흔히들 말한다. 한번 성공한 사람들은 안주하기가 쉽다. 하지만 세계 역사가 보여주듯 혁명은 항상 변방으로부터 시작한다. 배고픈 자들은 변화를 하지 않고는 살아남지 못한다.

그래서 나는 항상 '반복과 변화'를 뼛속 깊이 새기고 실천하려 한다. 아무것도 하지 않는다는 것은 안주를 의미하며 이는 곧 쇠

퇴를 의미한다. 유대인의 '아끼바 정신'을 따르되 그에 변화를 더한다. 남들과 같아지기 위해 수십 번 수백 번 반복했고 앞서가기 위해 변화를 주었으니 머리가 나쁜 건 결국 위기가 아니라 기회가 된 셈이다. 요즘엔 여기에 '감동'을 더하려 한다. 여행에서 큰 감명을 주는 음식의 맛과 풍경은 한 번만 경험해도 오래 기억된다. '반복' 그리고 '변화'는 나 혼자 실천하는 것들이지만 '감동'은 내가 다른 이에게 줄 수 있는 것이다. 이제는 나 혼자만을 벗어나 타인에게도 좋은 영향을 줄 수 있는 사람이 되고 싶다. 그래서 여러 모임을 운영하는 사람으로서 다른 이들에게 잊을 수 없는 기억과 메시지를 주기 위해 오늘도 특별한 감동을 더한 '스토리가 있는 모임'을 만들어 나가고 있다.

31

# 재승덕이 아닌
# 덕승재가 되게 하라

'재주가 덕을 앞서게 하지 말고 덕이 재주를 앞서게 하라'.

언제 어디서 읽은 구절인지는 기억나지 않지만 이 문장을 보는 순간 머리를 한 대 맞은 듯했다. 그동안 수많은 고전과 자기계발 서를 읽으며 정리해 둔 그 어느 문장보다도 강렬했다. 스스로 똑똑하다 자랑하는 이들과 대화를 해보면 본인 지식 자랑에 바빠서 대화가 잘 흘러가지 않는 경우가 많았고, 그의 지식에 존경심이 들지 않았다. 왜였을까? 그건 바로 덕(德)이 빠져 있기 때문이다.

경주 최씨 가문은 12대째 부를 이어 갔다. 전 세계를 조사해도 약 4백 년을 이어가는 부자 가문은 흔치 않다. 사주명리학자 조용헌 박사의 강의에서 경주 최씨 가문의 오랜 부의 이유를 들을 수 있었는데, 결론부터 말하자면 그들이 '덕'을 지켰기 때문이다. 가문이 가진 땅을 소작으로 줄 때 보통 7할의 마진을 남긴다. 하지만 가뭄이나 흉년이 들 때는 4할로 대폭 낮춰 주었다고 한다. 농민들이 적은 수확량 때문에 땅을 내놓을 수밖에 없을 때도 절대로 가격을 깎아 사들이는 법이 없었다. 동학혁명, 6.25전쟁 등 나라에 혼란이 생기면 부자들이 농민들의 분노의 대상이 되는 경우가 많다. 재산을 빼앗아가는 것은 기본이고 린치나 죽임을 당하기도 한다. 그러나 경주 최씨 가문은 그런 어려움을 당한 적이 한 번도 없다. 평소에 언제나, 누구에게나 '덕'을 행했던 덕분이다.

'적덕(積德)'이란 '덕을 쌓는다'라는 의미이다. 조용헌 박사는 자신의 팔자를 바꾸는 가장 좋은 방법 중 하나로 '적선'을 꼽았다. 태어난 사주가 좋지 않더라도 매일 선을 베푼다면 그것이 쌓여 어느 날 나의 팔자가 좋게 바뀐다는 것이다. 예로 이런 이야기도 있다. 길을 가는 나그네가 우연히 개울물에 떠내려가는 개미 몇 마리를 발견하고 나뭇잎으로 개미들을 구해 주었다. 그러자 그 모습을 본 고승이 하는 말이, 나그네의 팔자가 곧 죽을 운명이었으나 방금 전의 선한 행동으로 죽지 않는 팔자로 바뀌었다는 것이다. '덕'을 물리학적인 에너지로 본다면 하루하루 쌓는 선행은 그 사람의 주변에 좋은 에너지를 키운다.

'보시' 역시 같은 원리다. 불교에서 재물 없이 베풀 수 있는 7가지 나눔의 지혜를 말하는 '무재칠시'는 삶을 살아가는 데 좋은 지침이 되었다. 보시는 꼭 물질적인 자산이 없더라도 정신적으로 남을 돕는 행위도 포함하는데, 무재칠시 중 칭찬과 격려로 상대를 기분 좋게 하는 '언사시(言辭施)'는 말로써 선한 에너지를 나누는 보시이다. 말은 파동을 갖고 있기 때문에 어떤 말을 하느냐에 따라 다음의 행동과 생각이 달라진다. 보통 '보시'를 하거나 '덕'을 베푸는 것을 생각하면 물질적인 것을 나누고 선한 행동을 하는 행위를 떠올리는데, 그에 국한되지 않고 긍정적이고 선한 언어를 사용해 상대를 기분 좋게 하는 것도 해당된다. 전혀 어렵지 않은 것이다. 하루 한 마디 남에게 건네는 말이 나와 주변 사람들의 에너지를 변화시킬 수 있다.

삼국지 속 인물들을 보자. 장비는 누구보다 용맹한 장수이다. 하지만 장비가 아무리 용감하게 싸운다 해도 조조를 이길 수 없다.

지혜를 갖추지 않는다면 용감함에는 한계가 있는 것이다. 그런데 조조는 또 결국 유비에게 무릎을 꿇었다. 지장은 덕장을 이기지 못한다. 위대한 리더는 힘과 지혜만으로는 부족하다는 의미다. 덕이 있어야 한다. 불교에서는 여기에 더해 덕장을 이길 수 있는 '복장'의 존재를 말한다. '용(勇)', '지(智)', '덕(德)'은 노력하면 갖출 수 있지만 '복(福)'은 적어도 3대에 걸쳐 공덕을 쌓아야 가능하다. 그렇기 때문에 내가 지금 덕을 쌓는다 해도 복장이 되기는 어렵지만 덕을 행하고자 하는 노력이 자손에게까지 이어지기를 바라는 마음이다.

이러한 이치를 배우며 한 사업체를 운영하는 사장으로서 그리고 두 딸을 둔 아빠로서 느낀 것은 한국사회가 '덕승재'가 아닌 '재승덕', 즉 재주만을 중요시하는 사회가 되어 간다는 것이다. 빈부격차가 극심해져 누군가는 빛도 들지 않는 곳에서 죽어 가고 본인의 가치를 잊어 버려 자살하는 사람들이 늘어나고 있는데도 아이들은 덕보다는 재주만을 강조하는 교육을 받으며 자란다. 물론 재주가 중요하지 않다는 건 아니다. 하지만 주변 동료들을 보면 재능은 넘치는데 덕이 모자란 경우가 너무나도 많다. 남의 아이에게 해를 가해도 내 아이만 잘되면 되고, 옳지 못한 짓을 저질러도 좋은 대학과 좋은 직장만 가지면 거의 모든 것이 용서된다. 훌륭한 고전철학을 무시한 채 수학, 과학, 영어 등만 배우는 교육은 지장을 키울 수는 있으나 덕장은 결코 키워내지 못할 것이다.

신규직원을 채용할 때 나는 재능보다 태도를 먼저 본다. 회사 사훈에도 못박아 둔 지침이다. 태도가 올바른 직원은 처음엔 기술이 부족해도 배우고자 하는 마음으로 빠르게 습득한다. 태도가 불성실했지만 재주가 뛰어나 일을 잘하는 것 같아 보였던 직원이 어느 수준까지 성장한 후에는 꾀와 잔머리로 오히려 회사에 피해를 주는 경우가 많다. 회사, 모임, 가족, 친구 사이 등 어디서든 마찬가지다. 덕을 베푸는 마음 없이 자기만을 생각하는 사람들은 오래갈 수 없다. 페르시아 법에는 공립학교에서 과학이나 수학보다 도덕을 먼저 가르치도록 한다. 국가를 성장시킬 인재들을 키워낼 때 '덕승재'가 아닌 '재승덕'을 앞세운다면 비록 어느 정도까지는 성장이 빠르겠지만 임계치를 넘는 순간 모래성처럼 무너지게 된다.

나도 하루아침에 '덕승재'의 이치를 이해한 것은 당연히 아니다.

그 전에 이미 수많은 고전을 읽고 조금씩 덕을 베풂을 행하고 있었는데, '재승덕이 아닌 덕승재가 되게 하라'는 문장을 본 이후로 비로소 덕이 재주를 이겨야 진정한 리더가 만들어질 수 있음을 깨달았다. 그 문장을 항상 머리에 새기고 사람들을 대하니 재주가 조금 부족해도 덕으로써 그것을 넘어설 인재를 발견해내는 법을 배웠고, 재주가 넘쳐나도 덕이 없어 곧 무너질 사람을 구분해내는 법도 조금씩 배우게 되었다. 또한 처음 사람을 만날 때 그의 재주로 그 사람을 평가하는 습관이 다소 있었으나 '덕승재'는 내게 재주를 넘어서는 덕의 중요성을 알려주었다.

사람이 늙어 죽기 직전 후회하는 게 몇 가지 있다고 한다. 더 사랑하며 즐겁게 살지 못한 것, 더 베풀지 못한 것, 더 참지 못한 것 등이 후회된다고 한다. 내 삶 또한 죽기 전에 후회할 것이 전혀 없지는 않겠지만 후회할 일을 조금씩 줄여 보려고 한다. '덕승재'를 실천하며 더 베풀고, 더 참고, 더 듣고, 세상살이 일일이 따지며 살아가기보다는 넉넉한 마음으로 항상 친절하고 겸손하게 살아가려고 한다. 나이와 학벌, 직장에 관계없이 서로의 '재(才)'보다는 '덕(德)'을 보려 한다면 자연히 '덕승재'의 세상이 될 것이다.

## 32

# 『주역』에서 배우는
# 변화의 삶

최근에는 학자다운 성실함과 겸손함까지 갖춘 최정준 교수와 『주역』의 깊은 학문을 이해하고 배우는 데 시간을 더 쓰고 있다. 『주역』이 강조하는 변화의 중요성은 이미 내 인생 전반에 흐르고 있는 가치관이다. 회사와 모임을 운영할 때 기본 원칙은 언제나 새로운 변화의 시도와 좋은 습관의 형성이다. 식사 한 번을 하더라도 새로운 식당을 가고, 등산을 가더라도 새로운 산을 찾는다. 역사모임과 독서토론회에서는 항상 새롭고 참신한 주제에 대해 이야기를 나눈다.

연초 최 교수와 저녁식사를 하며 그에게서 주역 부적을 하나 선물받았다. 45일 동안 절주하며 정성스레 만들었다는 그 부적에는 '표변혁신(豹變革新)'이라는 말이 적혀 있다. 이것은 『주역』에 나오는 말로, '군자표변 소인혁면(君子豹變, 小人革面)'에서 나온 것이다. '군자는 표범처럼 빠르게 변화하지만 소인은 겉모습만 바꾼다.' 교세라 그룹의 창업자 이나모리 가즈오는 이렇게 변화하는 사람들을 자연성(自然性), 가연성(可燃性)의 인간이라 표현했다. 끝없이 변화하는 자연처럼 불에 타오르듯 열정을 불태우는 이런 이들이 리더가 된다. 다만 여기서 변화란 모든 것을 바꾸는 것이 아니라 세상의 변화에도 변치 않는 나만의 브랜드가 존재함을 말한다. 자신만의 가치를 지키며 세상의 변화를 주도하는 것이 『주역』이 말하는 변화다.

역사아카데미 회원 중에 작가 한 분이 있다. 우연히 작가와 함께 저녁식사 자리에 처음으로 초대된 그날, 출판된 책이 보관되어 있던 창고에 불이 나 작가의 책들이 모두 불에 타 버렸다. 어려운 와중에 책까지 타버려 가슴이 타들어가는 심정이었지만 '극즉반(極則反)'이라는 말을 되새기며 애써 자신을 위로했다고 한다. '무슨 일이든 극에 이르면 되돌아온다'라는 의미다. 주변 사람들이 그를 위로하기 위해 해 준 말도 '책이 불탔으니 앞으로는 좋은 일만 있을 것이다'라는 말이었다. 『주역』을 공부하지 않았다면 이해하지 못했을 말들이다. 달은 기울어야 차고, 차면 다시 기운다. 이처럼 모든 사물은 음과 양의 상태를 반복한다. 밤이 있으면 낮이 있고 음과 양은 항상 공존한다는 것이 『주역』의 기본 이치다. 이는 이따금 나에게 최악의 순간이 와도 곧 봄이 올 것이라는 희망을 주고, 인생 최고의 순간이 와도 겸손한 태도를 유지할 수 있게 하는 가르침을 준다. 잘된다고 건방지지 않고, 최악의 상황이라 해도 세상 이치가 다 그렇다며 가만히 나를 더 갈고 닦으며 기다릴 수 있는 힘이기도 하다.

　최 교수와 이야기를 나누다 보면 그의 스승인 대산 김석진 선생의 이야기가 이따금 흘러나온다. 대산 선생이 교통사고를 당했던 이야기는 곧 '치둔입정(治屯立鼎)' 얘기로 이어진다. '어려운 상황(屯)을 최선을 다해 좋은 결과(鼎)로 바꾼다'는 뜻의 사자성어인데, 그중 '솥 정(鼎)' 자를 풀어 보면 발이 3개, 귀가 2개 달린 솥의 모양을 볼 수 있다. 발 3개는 협력과 균형을 뜻하고, 귀 2개는 경청하는 태도를 의미한다. 대산 선생은 둔괘의 효를 정괘의 효로 완전히 탈바꿈시키라는 교훈이다. 이제껏 살아 왔던 습관, 환경, 행동 등을 모두 바꾸면 새로운 운명이 탄생하는데, 이때 '솥 정' 자를 보면 알 수 있듯 협력과 균형, 그리고 경청의 자질이 필요하다. 문득 "마누라와 자식 빼고는 다 바꿔라"고 한 이건희 회장이 살아생전 한 말이 떠올랐다. 공자는 사흘만 보지 못해도 누군지 알아보지 못한다고 한다. 이렇듯 성공을 가르치는 이들은 하나같이 변화를 강조한다. 변화하지 않고는 달라지는 건 하나도 없다.

부적 상단에는 '섭천(涉川)'이라는 단어가 적혀 있었다. 이 글자 역시 『주역』에서 발췌한 단어다. 좀 더 자료를 찾아보니 '리섭대천 과섭멸정(利涉大川 過涉滅頂)'에서 나온 말이었다. '리(利)'는 성공하기 위해서는 모험을 감수해야 한다는 뜻이고, '과섭(過涉)'은 지나침은 곧 멸정(滅頂)을 가져 온다는 의미다. 중용의 과유불급과 같은 말이다. 자기 그릇을 이해하지 못했을 때 언제든 지나침을 범하고 그것이 곧 파멸을 몰고 오는 경우를 주위에서도 종종 볼 수 있다. 물론 자기 명리를 알기는 쉽지 않다. 그래서 『주역』과 같은 고전을 통해 조화를 배우고 흐름을 읽고자 하는 것이다. 아이러니하게도 대산 선생은 자식들에게 『주역』을 가르치지 않았다고 했는데, 이는 미래를 알면 알수록 오히려 걱정이 많아지기 때문이라는 것이다.

『주역』에는 16번째 괘로 '뇌지예(雷地豫)' 괘상이 있다. '괘'란 인간과 자연의 존재 양상과 변화 원리를 설명할 때 사용하는 일종의 기호로 길흉화복을 점치는 도구이다. 경복궁과 같은 한국 전통 건축물에도 괘를 새겨놓은 것들을 발견할 수 있다. 64괘 중 16번째 괘인 '뇌지예'는 땅속에서 천둥이 나와 진동하고 그 소리에 초목들이 깨어나는 형상이다. 자연에 존재하는 모든 식물들은 인간은 듣지 못하지만 모두 소리를 내고 있다. 작은 잎도 피어나며 울림을 낸다. 그러다 때를 만나면 우레와 같은 소리를 내며 존재감을 드러낸다. 어려운 시기에도 자신을 갈고 닦아 준비하고 있다면 언젠가 때를 맞이해 큰 즐거움을 만날 수 있다.

땅 위의 모든 사물이 내는 울림은 음악이다. 음악(音樂)의 '악(樂)'은 '노래 악'이면서 '즐길 락'이다. 뇌지예의 '예'도 한자는 '미리 예(豫)'지만 '즐거울 예'로도 해석되는 글자다. 숲속을 걸으며 새소리, 매미소리, 바람소리, 계곡소리를 듣고 있으면 마음이 평온해지고 즐겁다. 나는 일상에서 스트레스를 받을 땐 산으로 가 자연이 내는 울림을 느끼곤 한다. 비록 내 귀는 듣지 못하지만 내 세포는 느낌을 아는지 마음이 금세 편안해진다. 아메리칸 인디언들은 병이 들면 숲속에 들어가 하루 종일 나무를 껴안고 휴식을 취한다고 한다. 나도 마음에 걸리는 일들을 마주할 때 하던 일을 내려놓고 잠시 주변 숲을 걷는다.

『주역(周易)』의 '역(易)'은 '바꿀 역'이며 동시에 '쉬울 이'로도 쓰인다. 결국 변화가 제일 쉬운 것이다. 5천 년 된 책들에서도 이를 강조하고 있다. 늘 변해야만 개인의 운도 상승하고 운명도 바꿀 수 있다는 것이다. 나는 회사에 출근해서 무엇을 개선할 것인지에 방점을 둔다. 점심식사는 어떤 새로운 음식을 시도할 것인지, 이번 주는 어떤 책으로 호기심을 자극할 것인지 끊임없이 일상 속의 변화를 찾아 나선다. 이미 지나간 과거는 바꿀 수가 없다. 하지만 뼈아픈 과거조차도 실수를 책망하기보다는 좋은 경험으로 바꾸고 그 교훈으로 미래 또한 바꿀 수 있다. 이미 실패했거나 한때 성공한 과거에 연연하는 과거지향적인 태도는 미래에 오는 운을 막는다. 우린 미래를 바꾸기 위해 살아간다. 새로이 다가올 희망을 위해 현재의 나를 변화시키는 과정이 운을 좋게 만들 수 있다.

## 33

# 운을 읽는 CEO

흔히 부자나 성공한 사람을 보며 운이 좋다고 말한다. 그렇다면 '운이 좋다'라는 건 도대체 무엇일까? '운명(運命)'이란 단어의 '운(運)'은 '옮길 운'자다. 즉 '운'이란, 한 곳에 머무르는 것이 아닌 변화를 시도함이다. '운'에 대한 의구심이 들어 지인들의 행동을 관찰하며 생각해 보았다.

평소 운이 별로 좋지 못한 것 같다고 느끼는 지인들은 대부분이 부정적인 말과 행동을 했다. 부정적인 사람들에게는 부정적인 일들이 몰려온다. 일명 '머피의 법칙'인데, 부정적 주파수가 같은 사건들을 불러오기 때문이다.

반대로 항상 긍정적인 지인들은 특유의 밝은 분위기 덕인지 좋은 사람들이 주변에 모이고, 그들은 곧 '운이 좋은' 사건들을 가져다 준다. 주의 깊게 살펴본 결과 이러한 특징을 발견한 나는 가능하면 긍정적인 단어를 골라 사용하는 습관을 들이려 했다.

예를 들어 고객이나 지인들을 만날 때에는 칭찬으로 대화를 시작한다. 기분 좋은 말로 말문을 열게 되면 상대방에게서 같은 주파수의 말들이 나올 확률이 높다. 긍정적이고 밝은 분위기의 대화가 오가면 사업상 만남이든 사적인 만남이든 좋은 결과가 나온다. 반대로 누군가를 비방하는 말을 하면 그 기운은 먼 곳까지전달된다. 소위 '뒷담화'를 했다는 말이 본인에게 전해져 곤경에 처하거나 다툼이 일어나는 상황은 흔히들 겪어 봤을 것이다.

그렇다면 단순히 타인을 향한 좋은 말과 행동만으로 운을 좋게 만들 수 있을까? 성격의 다섯 요인 중 '우호성'과 '개방성'을 생각해 보자. 우호성은 말 그대로 타인과 우호적으로 지내려고 하는 경향성이고, 개방성은 새로운 경험에 대해 열려 있는 마음을 말한다. 보통 우호성이 높을수록 개방성 또한 높은 것으로 나타나는데, 최근의 연구결과에 따르면 사회적으로 성공한 사람들은 개방성은 높은 반면 우호성은 그리 높지 않은 경향을 보인다. 이유가 무엇일까? 직장생활을 생각해보면 쉽게 이해된다. 한국사회의 대부분 회사가 좋아하는 사원은 우호성이 높고 개방성이 낮은 사람들이다. 이들은 사내 많은 이들과 무난한 관계를 유지하려 하며 불합리한 일이 있어도 윗사람에 대한 도전이나 반발을 하지 않는다. 반대로 개방성이 높고 우호성이 그리 높지 않은 이들은 변화를 두려워하지 않고 도전 정신이 강하다. 주변 모든 이들과 좋은 관계를 유지해야 한다는 부담도 없으니 더더욱 변수에 강하다. 현대사회는 소수의 인원이 모여 사는 촌락사회가 아니다. 수많은 변수와 다양한 사람들이 존재하는 사회에서는 무조건적으로 높은 우호성보다는 적당한 우호성과 높은 개방성으로 스스로의 운을 찾아나서는 사람들이 더욱 강함을 알 수 있다.

  모임을 운영하다 보면 모임의 회원들끼리 어떠한 단결이 일어나는 경우가 많다. 회사 내에서도 마찬가지다. 겉으로 보기엔 끈끈하게 뭉친다는 건 좋아 보일 수 있으나 우물 안 개구리가 되어 모임이나 회사 밖의 새로운 정보에 눈과 귀를 닫고 있지는 않은가 돌아볼 필요가 있다. 운은 움직여야 한다. 나 역시 새로운 사람을 만나는 것이 쉽지 않다. 우호성은 높고 개방성은 다소 낮은 듯하다. 하지만 늘 변화하고자 하는 의지는 있다. 개인이든 조직이든 반드시 개방적이 되어야 한다는 마음으로 가능하면 새로운 이벤트를 찾아다니고 새로운 의견과 평가를 건넬 외부인을 만나려 한다.

　돈과 시간 역시 마찬가지다. 돈과 시간을 나만을 위해 쓰는 것은 운을 고립시키고 인생의 발전적인 흐름을 막는 것과 같다. 운은 밖에서 들어온다. 혼자 지내는 건 폐쇄를 의미해 운이 들어올 자리가 없다. 물론 자기계발을 위한 혼자만의 시간은 소모적인 것이 아니고 발전적인 것이라 해당되지 않는다. 여기서 말하는 혼자 시간을 보낸다는 건 시간을 소모하는 것, 즉 혼자 오락을 하거나 TV를 보는 등의 행동이다. 이런 소모적인 시간도 어느 정도 필요할 수 있으나 지나치게 길어진다면 실패를 향한 지름길이 된다.

　좋은 운을 만들기 위해 또 한 가지 기억해야 할 점은 불운을 막아야 한다는 것이다. 좋은 운을 끌어당기는 것과 동시에 불운을 막는 것도 매우 중요하다. 역사가 반복되듯 인간 개인에게는 유사한 상황이 여러 번 발생한다. 이때 불운한 사람들은 같은 실수를 반복한다. 과거에 대해 기억은 하면서도 반성을 하거나 교훈을 얻지는 못한다. 이와 달리 운이 좋은 사람들은 철저한 자기반성과 학습으로 같은 상황을 반복하지 않는다. 자기반성은 설혹 실패를 했다 하더라도 다시금 일어서게 하는 힘이다. 후회나 죄책감으로 세월을 보내면 부정적인 생각 외에 얻어지는 것은 아무것도 없다. 다음에 올 불운을 막기는커녕 부정적인 태도도 오히려 새로운 불운을 부를 수도 있다. 운은 변화다. 과거에 실패했던 나와 다르게 변화한 내가 좋은 운을 가져온다.

 '운칠기삼(運七技三)'이라는 말이 있다. 자신의 노력이나 능력보다는 운이 더 많은 영향을 끼친다는 의미다. 사람이 살아가며 일어나는 일들은 운에 달린 것이지 사람의 능력 밖이라는 뜻인데, 이 말을 나는 다르게 해석하고 싶다. 사람의 일이 운에 달린 것이라면 운을 키우라고 말이다. 『손자병법』에는 '용장은 지장을 이기지 못하고, 지장은 덕장을 이기지 못하며, 덕장은 복장을 이기지 못한다'라는 문장이 있다. 주위에는 재주가 뛰어난 사람들이 많은데, 이들 모두가 운이 좋은 삶을 살아가는 것은 아니다. 오히려 이타적인 자세로 베풀고 주변에 긍정적인 기운을 뿌리는 사람들이 더 눈에 띈다. 자연스레 좋은 사람들과 일들이 그들 주위로 몰려드는 걸 볼 수 있었다.

　어느 유명한 기업 오너는 살아생전 성공의 비결을 '운구기일(運九技一)'이라고 입버릇처럼 말하기도 했다. '운칠기삼'을 넘어서 사람 사는 일에 운이 9할이나 차지한다는 의미다. 본인의 능력이 아무리 뛰어나도 개인의 노력만으로 그만한 대기업을 만드는 데에는 한계가 있다. 그것은 어쩌면 보이지 않는 조상의 은덕도 있을 것이요, 수많은 인재들을 발굴해 키워내고 인덕과 적덕을 베풀던 그의 삶이 행운으로 돌아와 어느 날 그처럼 거대한 기업으로 성장할 수 있었을 것이다.

　우주에서 인간의 존재는 작은 먼지보다도 작고 그 영향력은 더더욱 작다. 거대한 우주 안에서 주파수를 같이 하고 우주의 힘을 빌려 살아가는 인간의 삶을 생각하면 운구기일의 논리도 어쩌면 맞는 듯하다. 때문에 나 혼자만이 아니라 주변인, 더 나아가 우주가 움직여 주어야 그 거대한 에너지가 나를 도와줄 수 있다. 뜬구름 잡는 소리처럼 들릴 수 있으나 다르게 말하면 스스로의 운을 만들어야 한다는 말이다. 그리고 그 방법은 항상 긍정적으로 삶을 대하는 동시에 변화에 개방적인 태도를 가지는 것이다. 이렇게 하루하루의 사소한 행동에서 만들어 낸 작은 운도 눈덩이 굴리듯 커지고 커져 어느 날 큰 행운으로 돌아올 것이 분명하다.

나는 수많은 CEO들의 흥망성쇠를 지켜봤다. 누구는 성공해 부자가 되고 누구는 끝도 없이 추락한다. 과연 그들의 운명에 어떤 요인이 가장 크게 작용했을까? 어디에도 나와 있지는 않지만 수백 권의 책을 읽고 사람들을 만나며 내가 내린 결론은 바로 '운(運)'이었다.

20년 전 젊은 수재가 미국에서 MIT 박사학위를 받고 금의환향하는 모습을 TV에서 방영한 적이 있다. 인천공항에 내려 마중나온 가족들과 반가운 마음으로 귀가하던 중 트럭과 정면충돌하면서 네 명의 가족이 전부 사망했다는 뉴스였다. 또 다른 지인은 지인들 중 소위 스펙이 가장 뛰어나고 또 누구는 강남에 큰 건물을 가졌다지만 정작 부자가 되고 젊은 나이에 암에 걸려 사망했다는 소식에 다들 운이 없었다는 말을 한다. 사는 게 바빠 제대로 된 해외여행조차 제대로 하지 못하다가 최근 예순이 넘어 가족들과 처음으로 해외에 나갔다 다리를 다쳐 부상을 입고 이후 아무것도 즐기지 못한 채 바로 돌아왔다는 '부자' 지인의 얘기를 들으며 좋은 학벌과 많은 돈이 인생을 마냥 잘풀리게 하는 것은 아니구나 하는 생각이 들었다.

친구들 혹은 모임을 운영하며 만난 사장들과 깊은 대화를 해보거나 며칠 지내 보면 이들의 경조사를 공유하고 살아온 인생에 대해 이야기를 나누게 된다. 그러면서 그들의 태도와 말버릇을 관찰하고 『주역』, 『사주명리학』 등의 책을 읽으며 배운 것을 대입해 본다. 특히 처음 만난 사람의 말투, 표정 그리고 태도를 보며 이 사람이 앞으로 어떻게 될지도 예측해 보기도 한다. 점술가는 아니지만 운을 읽는 데 여러 가지 요소들이 분명하게 작용하고 있는 것 같다.

표정에서 그 사람이 살아온 인생이 보인다. 표정이 어둡다고 해서 잘못될 것은 물론 아니다. 하지만 밝은 얼굴이 호감을 사고 긍정적인 일들을 불러오는 것은 분명하다. 표정은 현재의 상황도 보여 준다. 무언가 힘든 일이 있는 사람은 아무리 감추려 해도 그 근심이 감춰지지 않는다. 애써 괜찮은 척해 봐도 작은 일이 참고 참다 결국 크게 폭발하는 경우가 있다.

20여 년 전 친구를 만나러 미국 LA에 간 적이 있다. 회사 출장 겸 가서 친구를 만나 술을 한잔 하게 되었는데, 실리콘밸리에서 근무하던 친구는 나를 만나기 위해 기꺼이 먼길을 달려와 주었다. 친구는 웃는 얼굴로 나를 반겼지만 그의 표정은 어딘가 어두웠다. 그는 미국살이의 장점을 자랑하며 즐겁게 얘기하다가 술이 들어가고 나자 이내 그동안 어려웠던 사정들을 마구 쏟아내기 시작했다. 급여는 한국보다 높았지만 고가의 하우스 렌털비, 세금, 차 리스비 등 엄청난 생활비에 아내와 갈등까지 생겨 한국으로 돌아가고 싶다고 했다. 그러던 중 친구가 화장실을 다녀오면서 옆 테이블의 사람과 실수로 부딪쳐 경찰까지 오는 상황이 발생했다. 지금도 그때를 생각하면 황당하다. 단지 살짝 부딪친 것뿐이었는데 상대가 예민하게 반응해 경찰이 올 정도의 큰 싸움으로 이어졌다. 운이 없었다. 그때까지 친구의 내면에 쌓인 일련의 작은 사건들이 순식간에 큰 불운으로 터져버렸다고 생각한다. 운이란 그렇게 작용하기도 한다.

또 하나 부정적 기운을 영리하게 피해갈 줄도 알아야 한다. 이치에 맞지 않는 일이라고 정면으로 맞서는 게 능사는 아니다. 일전에 건물 집합체의 임원으로 활동하던 중 회장과의 갈등이 법적 공방으로까지 번지는 일이 있었다. 하지만 다툼이 길어질수록 변호사 비용과 임원 간의 갈등만 커질 뿐이었다. 내가 좀 억울할지라도 그냥 사임을 하고 물러났다. 임원 몇 명은 왜 저런 꼴을 보고도 참느냐고 질책 아닌 질책을 했지만, 말도 통하는 사람에게 해야지, 회장이 하는 행동을 보며 같이 어울리는 건 더 큰 화를 불러일으킬 뿐이라는 생각에 물러선 것이었다. 아니나 다를까. 2개월이 채 지나지 않아 회장은 또다시 일을 터뜨렸고, 그 이전의 사건들이 모두 수면 위로 올라오며 그는 사면초가에 휩싸였다. 나에 대한 오해도 모두 풀렸음은 당연하다.

내 힘으로 해결될 일이 아닐 땐 내가 먼저 피하는 게 좋은 경우도 있다. 이런 경험을 하고 난 뒤에는 운전을 할 때에도 양보운전을 한다. 상대가 도를 너무 지나치는 행동을 하는 것이 아니라면 다소 억울해도 양보하는 경우가 늘었다. 친구들과 만나도 예전에는 항상 N분의 1로 철저하게 계산했다면 지금은 가능하다면 내가 밥값을 내곤 한다. 물론 소위 '호구'처럼 살라는 말은 아니다. 하지만 세상은 내 마음 같지 않다. 모든 일에 정면으로 맞서기보다는 융통성 있게 무엇이 내게 더 좋을지를 생각해 보는 것도 필요하다. 운이란 내가 행동함에 따라 달라지기도 하지만 내 주변 사람이 내게 하는 행동에도 영향을 받기 때문이다.

운이 나쁘게 흐르는 사람 중에는 과거지향적인 사람들이 많음을 확인할 수 있다. 그들은 만날 때마다 옛날 이야기만을 반복한다. 일명 '꼰대'다. 말하는 거라곤 "나 때는 말이야~" 하는 이야기뿐이다. 자랑할 새로운 것이 없으니 잘나가던 시절만을 되새기는 건 당연하다. 새로운 도전도 없어 변화도 발전도 없다. 이런 사람들의 운이 어찌 좋은 방향으로 흐르겠는가. 누구나 읽을 수 있는 운이다.

대화 중에 늘 부정적인 단어를 쓰는 사람들도 있다. 비오는 창밖을 똑같이 바라보는데도 누구는 우울하다고 말하고 누구는 비가 상쾌하다며 좋아한다. 물컵에 물이 반 차 있으면 어떤 사람은 반이나 남았다 하고 다른 사람은 반밖에 안 남았다고 투덜댄다. 부정적인 사람은 어떤 상황이 되어도 트집거리를 찾는다. 같이 모임에 참여해 봐도 늘 불만을 가지니 주위 사람들까지도 덩달아 기분이 다운된다.

항상 트집을 잡는 사람 옆에 있으면 그 기분에 전염되곤 한다. 마찬가지로 행동도 전염이 되는데, 하품을 하게 되면 주변 사람들도 하품을 하게 되는 모습을 종종 봤을 것이다. 때문에 내가 긍정적인 분위기 속에 있다면 내 운도 좋은 방향으로 바뀔 가능성이 높아진다. '근묵자흑(近墨者黑)'이라는 말도 있지 않은가. 주위를 둘러보면 성격이나 직업이 비슷한 사람들끼리 모인다는 걸 알 수 있다. 술을 좋아하는 사람은 술을 좋아하는 이들과 어울리고, 골프를 좋아하는 사람은 골프 모임에 들어간다. 독서토론회를 만드니 독서를 좋아하는 사람들이 모였다. 여러 책의 좋은 내용과 양질의 의견들이 공유되니 자연히 자기계발이 된다. 일부러라도 좋은 환경을 만들어주는 것이 운을 좋게 하는 하나의 방법이다.

불운을 피하고 행운을 만드는 방법에는 봉사도 포함된다. 이타적으로 살아가야 한다. 자신의 이익만을 생각하는 사람들은 물질적인 부를 쌓을 수 있을지는 모르나 정신적인 덕을 쌓기는 어렵다. 이기적인 사람들이 잘나가는 듯하다가 한순간에 무너지는 모습을 본 적이 있을 것이다. 여기서 말하는 봉사란 무턱대고 남을 위해 살라는 말이 아니다. 하지만 타인을 생각하며 배려하고 사는 이들과 타인을 별로 신경쓰지 않으며 사는 이들의 삶의 모습은 전혀 다르다. 자원봉사활동을 하거나 적선을 하는 등 매일 매일의 작은 선행이 쌓여 좋은 파동을 만들고 그 파동은 언젠가 큰 행운을 선물한다. 이타적 삶이 결코 손해가 아닌 것이다.

또 운이 좋은 사람들을 관찰해 보니 이들은 '감사하다'라는 단어를 자주 쓰는 듯했다. 작은 일에도 감사하는 마음을 가지고 자신이 가진 것을 당연하게 받아들이지 않았다. 불행이 와도 그 안에서 성장할 기회를 찾으며 그런 기회가 있음에 감사하는 모습을 보니 놀라울 따름이다. 파동은 같은 에너지를 끌어들인다. 항상 감사하며 사는 사람들에게 우주는 감사할 일을 선물한다.

감사와 비슷한 또 다른 행운의 요소는 바로 '겸손'이다. 일이 잘 풀리다 보면 누구나 교만하기 쉽다. 주위 사람들에게 자신도 모르게 오만한 태도를 보여 사람들의 불만을 사기도 한다. '벼는 익을수록 머리를 숙인다'는 말이 있다. 타인의 긍정적인 평가를 이끌어내기도 하지만 무엇보다 자신에 대한 끝없는 성찰로 현재 상황에 안주하기를 경계하고 발전하는 나를 만들어야 한다. 운이 고이지 않고 흐르게 만드는 것이다.

책에서 읽고 경험으로 배운 이런 운의 요소들로 세상을 들여다 보니 이제는 누가 행운 혹은 불운을 향해 가는지 어느 정도 판단할 수 있게 되었다. 이런 예측은 그 사람이 크게 변화하지 않는 이상 대부분 벗어나지 않는다. 사실 위의 요소들은 누구나 다 알고는 있는 것인지도 모른다. 하지만 언제나 실천이 어렵다. 하나하나 실천만 할 수 있다면 금전적인 부자를 넘어 정신적 가치까지 갖게 되는 진정한 부자가 될 수 있을 것이다. 나 역시 이 모든 걸 실천하고 있지는 못하기에 오늘도 되새기며 행해 나가고 있다.

| 부록 | 이노비즈 독서토론회 도서목록

18차 16.04.27 병자호란(파주 역사기행)

17차 16.03.19 이순신포럼, 진심진력(진해, 통영 1박2일)

16차 16.02.17 밥일꿈

15차 16.01.20 꽃잎이 떨어져도 꽃은 지지 않는다(가평 백련사 템플스테이 1박2일)

14차 15.12.16 슈거블루스

13차 15.11.16 시낭송(하동 청학동 1박2일)

12차 15.10.21 주홍글씨, 폭풍의언덕

11차 15.09.16 칭기즈 칸 리더십, 극단의 한국인 극단의 창조성(신광철 저자 초청)

10차 15.08.20 생각하는 인문학

9차 15.07.23 포어사이트 크레이트, 현대카드 일하는 방식 50가지

　　　　　(현대카드디자인연구소)

8차 15.06.25 왓칭(와인 이벤트)

7차 15.05.28 죽음이란 무엇인가

6차 15.04.10 장자(남해 트레킹 1박2일)

5차 15.03.18 장내 유익균을 살리면 면역력이 5배 높아진다

4차 15.02.26 돈보다 운을 벌어라

3차 15.01.28 행복의 특권

2차 14.12.10 천재가 된 제롬

1차 14.11.12 디테일의 힘

# 살면서 한번은 모임의 리더가 되어라

인쇄일 2022년 4월 5일
발행일 2022년 4월 12일

지은이 김유홍

펴낸곳 아임스토리(주)
펴낸이 남정인
출판등록 2021년 4월 13일 제2021-000113호
주소 서울특별시 서대문구 수색로43 사회적경제마을자치센터 2층
전화 02-516-3373
팩스 0303-3444-3373
전자우편 im_book@naver.com
홈페이지 imbook.modoo.at
블로그 blog.naver.com/im_book

ISBN 979-11-976268-6-9 (03190)